이렇게 살아도 괜찮은가
새로운 삶을 위한 마중물

바른신앙시리즈 7
이렇게 살아도 괜찮은가 새로운 삶을 위한 마중물

펴낸이	김종희
저자	강영안 김인수 권영석 손봉호 한영주
책임편집	황명열
펴낸곳	도서출판 〈뉴스앤조이〉 www.newsnjoy.or.kr
등록	2000년 12월 18일 제20-205호
초판인쇄	2014년 4월 25일
초판발행	2014년 4월 25일
주소	서울 영등포구 국회대로 640 준빌딩 4층
전화	02-744-4116
e-mail	newsnjoy@newsnjoy.or.kr
값	8,000원
ISBN	978-89-90928-34-4 03230

* 잘못된 책은 바꿔드립니다.

바른신앙
시 리 즈
007

새로운 삶을 위한 마중물

이렇게
살아도
괜찮은가

강영안 김인수 권영석 손봉호 한영주 지음

N 뉴스앤조이

새로운 교회
새로운 가정
새로운 사회를 향한 비전을 모색하다

오늘날 한국교회가 비신자들로부터 받는 혹독한 비판은 한국교회 역사상 가장 참혹한 것이다. 억울하게 비난을 받는 경우도 간혹 있지만, 많은 경우, 그 비판이 정당한 것임을 인정할 수밖에 없다는 점이 한국교회의 비참한 현실이다. 이러한 현실은 누구의 책임인가? 사회적인 물의를 일으킴으로써 커다란 비판을 초래한 몇몇 '대형 교회 목회자들'에게 그 책임을 물을 수 있다. 이분들은 응당 책임을 져야 한다. 동시에 우리는 '평범한 신자'인 우리 자신에게도 책임이 있음을 인정한다. 우리 역시 한국 사회에서 소금과 빛의 역할을 감당하기보다 오히려 세상과 더불어 타락해 있음을 자인할 수밖에 없다.

그런데 한국교회에 대한 자성은 필요하지만 여기에 그쳐서는 안 된다. 회개하는 마음과 책임 의식을 품고서 새로운 교회 공동체와 새로운 사회를 만들기 위한 노력을 재개해야 한다. 자성과 자아비판을 넘어, 한국교회가 나아가야 할 길을 구체적으로 모색해야 한다. 물론 새로운 교회와 사회에 대한 열망 자체는 전혀 새로운 것이 아니다. 한국교회는 초창기부터 이러한 열망

프롤로그

을 간직해 왔다. 특히 1980년대 이후 복음주의 진영 내에도 많은 그리스도인이 이러한 열망을 소유하게 되었다. 그런데 불행히도 오늘날 이러한 열망은 확연하게 식었다. 개신교회가 사회적인 물의를 거듭 일으키고, 또한 여기에 대해 사회의 비난과 냉소가 매우 심각한 수준으로 진행되면서 우리는 한국교회와 사회를 향한 비전을 거두었다. 그리고 패배주의 속에 빠져 헤어나지 못하고 있다. 바로 이 지점이야말로 우리가 처한 현실이다.

다니엘새시대교회는 바로 이러한 현실을 함께 극복하고자 '다니엘 아카데미'를 출범하였다. 우리는 본 아카데미를 통해 한국교회가 세상과 소통하는 방법을 모색하고자 했고, 새로운 문명의 시대를 어떻게 맞이해야 할지에 대해 함께 고민하고자 했다. 이에 우리는 2011년 제1회 아카데미 주제를 "그리스도인은 이 시대에 어떻게 소통할 것인가?"로, 2012년 제2회 아카데미 주제를 "문명의 전환 시기에 어떻게 살아야 할 것인가?"로 정하고 아카데미를 통한 대화와 소통을 시작하였다. 이 아카데미는 이 땅에 새로운 종교개혁을 열망하며 종교개혁 기념 강연의 성격으로 다니엘새시대교회가 시작한 것이기는 하지만, 어느 교회가 시작했는지는 전혀 중요하지 않다. 아카데미를 통해 한국교회를 섬기고 우리 사회에 소금과 빛의 역할을 감당하는 것만이 중요하다. 그리고 이 아카데미를 통해 새로운 한국교회와 '하나님의 새로운 사회'에 대한 열망이 자라나는 것만이 중요하다.

제2회 아카데미를 마친 후 서울영동교회(청년부, 청년회)와 〈뉴스앤조이〉가 이 열망을 공유하게 되었다. 그 결과 제3회 아카데미부터는 세 기관이 공동 개최하기로 합의하였다. 2013년 11월부터 12월에 걸쳐 서울영동교회에서 개최한 제3회 다니엘 아카데미는 "이렇게 살아도 괜찮은가 : 새로운 삶을 위한 마중물"이란 전체 주제 아래, 다섯 분의 강사가 새로운 교회·새로운 가정·새로운 사회를 향한 비전을 모색하고 그 결과를 나누는 작업을 진행하였다. 본 아카데미를 통해 우리는 우선 우리 사회뿐 아니라 교회 안에도 팽배한 물질주의와 개인주의, 그리고 성공 지향주의를 극복하고, 온전한 복음을 회복하여 '하나님의 새로운 사회'를 향한 비전을 형성하고자 했다. 여기에 실린 글은

프롤로그

제3회 다니엘 아카데미에서 발표한 내용이 토대가 되었다.

우리는 이 아카데미에 더 많은 그리스도인이 동참하기를 열망한다. 이는 우리가 아카데미의 제국주의적인 확장을 바라서가 아니다. 새로운 교회 공동체와 새로운 사회는 더 많은 그리스도인의 연합된 노력이 있어야만 가능하기 때문이다. 다니엘 아카데미가 이러한 연합된 노력을 촉구하는 작은 계기가 되기를 소망한다.

다니엘 아카데미 원장 **박창균**

다니엘 아카데미 실행위원장 **송태현**

프롤로그 • 4 / 차례 • 8

CHAPTER 01
새로운 삶을 위한 새로운 세계관 강영안

왜 교회 세습을 얘기하는가 ··· **12**
한국교회 문화와 의식 ··· **14**
신앙의 출발점과 목표점 ··· **25**
성도를 온전케 하는 일 ··· **33**
목사와 성도와 교회의 과제 ··· **38**

CHAPTER 02
대안적인 삶을 선택한 공동체 이야기 김인수

의는 반드시 이루는 날이 있다 ··· **44**
왜 대안 공동체를 시작했나 ··· **47**
새로운 선교 모델을 찾다 ··· **51**
민들레학교의 생활과 사역 ··· **55**
민들레대학과 민들레베이커리 ··· **65**
이야기를 마치며 ··· **71**
참고 : 민들레공동체를 소개합니다 ··· **74**

CHAPTER 03
새 시대와 새로운 사회를 위한 기독교 영성 권영석

종교와 영성에 대한 이해 ··· **78**
종교를 버린 개념 없는 인생들 ··· **79**
이원론에 빠진 무기력한 기독교 ··· **82**
뉴제너레이션을 위한 기독교 영성 ··· **105**

차례

CHAPTER 04
온전한 복음과 공동체성의 회복이 필요한 한국교회   손봉호

온전한 복음이란 … **110**
회복과 비판 … **112**
정통신학 … **118**
행함이 없는 지식 … **122**
차세 중심적 세계관과 경쟁 … **124**
도덕성 결여 … **128**
공동체 문제 … **131**
유무상통 … **134**

CHAPTER 05
결혼과 가정의 회복을 위한 비전   한영주

소박한 마중물을 붓고자 한다 … **142**
영화 속 가족 이야기 : '고령화가족' … **146**
상담실 속 가족 이야기 : 가족 구성원을 중심으로 … **149**
이 시대 속 가족 이야기 : 어떻게 볼 것인가? … **161**
우리는 어떻게 살 것인가? : 결혼과 가족에 대한 비전 … **181**
두 명의 '잃어버린 아들' … **191**

새로운 삶을 위한 새로운 세계관

강영안
서강대학교 철학과 교수

Section 1 시작하는 이야기
왜 교회 세습을 얘기하는가

"그가 어떤 사람은 사도로, 어떤 사람은 선지자로, 어떤 사람은 복음 전하는 자로, 어떤 사람은 목사와 교사로 삼으셨으니 이는 성도를 온전하게 하여 봉사의 일을 하게하며 그리스도의 몸을 세우려 하심이라. 우리가 다 하나님의 아들을 믿는 것과 아는 일에 하나가 되어 온전한 사람을 이루어 그리스도의 장성한 분량이 충만한 데까지 이르리니 이는 우리가 이제부터 어린 아이가 되지 아니하여 사람의 속임수와 간사한 유혹에 빠져 온갖 교훈의 풍조에 밀려 요동하지 않게 하려 함이라. 오직 사랑 안에서 참된 것을 하여 범사에 그에게까지 자랄지라. 그는 머리니 곧 그리스도라. 그에게서 온 몸이 각 마디를 통하여 도움을 받음으로 연결되고 결합되어 각 지체의 분량대로 역사하여 그 몸을 자라게 하며 사랑 안에서 스스로 세우느니라."(엡 4:11~16)

2013년 연말에 교회개혁실천연대에서 주선한 교회 세습 반대 토론회에 참석한 적이 있다. 기조 강연을 부탁 받아, 아들이나 사위가 아버지가 목회하던 교회를 물려 받는 일이 왜 문제가 되는가를 얘기하였다. 14년 전 기독교윤리실천운동(이하, 기윤실) 집행위원장과 공동대표를 맡았을 때 이미 같은 문제를 다룬 적이 있었다. 그리고 2013년 3월 한길사를 통해 낸 〈어떻게 참된 그리스도인이 될 것인가〉라는 책에 한 부분으로 실었다. 그런데 최근 다시 교회 세습 문제를 생각하면서 다시 한 번 더 깨닫게 된 것은, 세습 문제가 단순히 우발적으로 발생한 현상이 아니라는 것이다. 한국 사회의 변화, 한국의 종교 전통과 연관되어 오늘 우리 한국교회 안에서 볼 수 있는 특이한 현상들이 빚어지고 있다는 사실을 다시 보게 되었다.

강의 제목이 '새로운 삶을 위한 새로운 세계관'인데 왜 느닷없이 세습 얘기를 끄집어내느냐고 아마 의아하게 생각할 것이다. 나 자신뿐만 아니라 대부분의 성도들은 한국교회에서 일어나고 있는 세습과 직접 관계된 분들은 아닐 것이다. 나나 여러분이 관여된 교회에서 세습이 일어나지 않았을 뿐만 아니라 아마 앞으로도 그런 일은 없을 것이다. 내가 세습을 언급하는 이유는 세습 반대 운동을 하자는 의도 때문이 아니다. 세습을 통해서 한국교회와 한국교회 성도들의 신앙의 왜곡을 들여다보자는 것이 나의 의도다. 이렇게 하는 까닭은, 우리가 그 속에서 자라고 우리가 몸담고 있는 교회 안에서 세계관이 어떻게 작동하고 어떤 방식으로 영향을 미치는가를 볼 수 있는 하나의 통로가 세습이 될 수 있다고 생각하기 때문이다.

Section 2 세습을 통해서 본 한국교회
한국교회의 문화와 의식

한국교회를 보는 방식에는 여러 종류가 있겠지만, 아마도 현재 형성되고 실행되는 그대로 보는 것이 가장 좋을 것이다. 무엇이 '현실 그대로'인가를 가려내기란 쉽지 않다. 차라리 '현재 드러난 그대로', '현상 그대로' 보자고 하면 어떨까 생각한다. 현재 교회의 모습을 보자. 몇 가지 요소로 나누어 서술이 가능하다. 서술해 놓고 보면 당연한 것 같은데 좀 더 깊이 생각해 보면 "과연 이것이 교회인가?"라는 물음을 갖게 하는 현실을 한국교회는 언제부터인가 만들어 내지 않았나 생각한다.

우선 교회를 구성하고 있는 사람들을 보자. 크게 두 부류로 구별해 볼 수 있다. 시간과 힘과 돈을 내지만 정신적인 보상 외에는 달리 보상이 없는 교인들(이른바 '평신도들')과 교회가 일터가 되어 사례를 받는 전임 사역자(이른바 '성직자')로 구성된다. 이른바 '평신도' 그룹의 상층부에는 장로, 권사, 안수집사들이 있고 이른바 '성직자' 가운데는 담임목사와 부목사들이 있다. 이 가운데 역시 담임목사가 가장 중요한 자리에 있다.

교회에는 여러 종류의 활동이 있다. 그 가운데는 예배, 성경 공부, 구역 모임, 제자 훈련, 전도 훈련, 봉사 활동, 회의 등이 있다. 교인들은 이 모든 활동에 적극적으로 참여하도록 독려를 받는다. 이 가운데 예배가 중심에 있고 여러 예배 가운데서도 주일 대예배가 역시 가장 중요한 예배로 자리 잡고 있다. 예배는 목사의 전문 영역이므로 '예배 중심'은 자연스럽게 '목사 중심'을 초래한다.

담임목사의 주요 임무는 예배 인도, 설교, 심방을 하는 것이고, 교인들의 주요 임무는 예배 및 각종 모임 참석, 교회 봉사, 헌금, 전도에 열심을 보이는 것 정도로 통상 이해된다. 목사로서의 성공적인 삶은 많은 '영혼 구원', 곧 교인의 수를 많이 늘리는 데 있다는 것이 한국교회 안에 널리 퍼져 있는 생각이다.

교인으로서의 성공적인 삶은 ⓐ 교회 안에서는 예배에 빠지지 않고 잘 참석하고, '십일조 생활'을 열심히 하고, 교회 봉사와 전도를 열심히 하는 데 있고 ⓑ 세상에서는 건강하고, 가정이 잘 되고, 물질적으로 축복받고, 사회적으로도 인정받는 자리에 있다고 보통 생각한다. 특히 ⓐ와 관련된 부분에 열심인 사람을 '신앙 좋다'고 말한다.

종합해서 보면 오늘 한국교회는 역시 '예배 중심'이고, '목사 중심'이고 신앙 생활 또한 '교회 중심'이다. '신앙 생활을 잘하는 교인들'은 교회를 중심으로 '종교 생활을 열심히 하는 사람'들이고 '세속적으로는 복받은 사람'이 되는 것이다. 진부할 정도로 많이 지적되지만, 교회 생활과 세상 생활, 신앙 생활과 세속 생활이 이분화되어, 신앙이 좋으면 좋을수록 세상 생활, 세속 생활보다는 성경 읽고, 기도하고, 예배 참석하는 것으로 이루어진 신앙 생활에 전념하게 되는 것이 한국 개신교 교인들의 삶의 방식이라 보아도 크게 무리가 없다. 장사하고, 아이 키우고, 사람들을 가르치고, 밥 먹고, 일하고, 투표하고, 공부하는 일을 '신앙 생활'로 이해하는 사람은 거의 없다. 하나님께 드리는 예배는 교회 안에 머물 뿐 그 힘을 세상 속에서 먹고 마시고 사람들과 만나고 일하는 가운데서는 발휘하지 못한다.

돌이켜보면 우리 한국교회 안에는 교회를 세우고 목회자를 청빙하는 과정에서 특유의 문화가 형성된 것을 보게 된다. 이미 교회 역사가 오래된 유럽이나 미국의 경우에 교회는 개인이 세우는 것이 아니라 교회가 세운다. 교회는 교회가 세운다. 목사는 교회의 부름을 받고 목사로 세움을 받고 이동을 하게 된다. 그런데 우리의 경우에는 뒤에 가서 노회가 인정한다그 해도 아직도 개인이 몇몇 사람들과 함께 '개척'이라는 형식을 취한다. '교회 개척'이 담임목사의 권한과 재산과 관련되면서 한국교회 안에서만 볼 수 있는 특유의 문화가 형성되었다. 대형 교회가 아니라 중소 규모의 교회라 하더라도 그 교회가 담임목사가 개척한 교회라면 담임목사의 권한은 그렇지 않은 교회보다 훨씬 더 크게 작용한다.

교회는 교인들의 헌신이 없이는 유지할 수도 없고 자랄 수도 없다. 그러나 시간과 물질과 노력을 아낌없이 내어 놓은 교인들에게는 인사나 재정과 관련해서 별 권한이 없고 이것들로부터 거둔 이득이 교인들에게는 돌아가지 않는다. 문제는 장로들이다. 담임목사가 개척한 교회일 경우, 장로들은 대부분 담임목사가 세운 사람이다. 한국교회 내에 흐르는 정서를 보면 담임목사가 세운 장로들이 담임목사의 뜻을 거부할 가능성은 높지 않다. 목회 세습의 경우도 만일 담임목사가 원한다면 장로들은 대부분 담임목사의 의견을 따른다. 공동의회에 그 안을 내어 놓았을 때, 이 경우도 한국교회 정서상, 대부분이 당회에서 결정한 것을 승인해 준다. 목회 세습은 ① 담임목사 ② 교회의 장로들 ③ 교인들, 그리고 ④ 세습을 받는 당사자(아들이나 사위 또는 친인척), 이 사자(四者)의 협력 없이 가능하지 않다. 만일 담임목사나 장로들, 또는 교인들이 공동의회를 통해서, 또는 세습을 받는 목사가 반대한다면 일어날 수 없는 일이다.

한국교회의 현재 문화, 현재 정서는 이 네 당사자가 손잡아 세습을 성사시키기 쉬운 상황을 만들어 냈다. 물론 여기에는 여러 조건이 충족되어야 한다. 무엇보다 담임목사가 장로들로부터 신뢰를 받고 담임목사와 장로들이 교인들로부터 신뢰를 받아야 한다. 그리고 교회를 물려 받는 목사에게도 그만한 능력이나 자질이 있는 것으로 인정되어야 한다. 그렇지 않다면 교인들의 회의를 쉽게 통과할 수 없다. 그런데도 바깥사람들이 보기에 교인들로부터 신뢰받을 가능성이 없어 보이는 담임목사가 자신의 아들에게 담임목사직 승계를 공동의회에서 성공적으로 끝내는 것을 보면 교인들에게 분명 '인지적 착각'이나 '혼란'이 있다는 생각을 하지 않을 수 없다.

이 땅에 100년 넘게 교회가 형성되면서 목회자와 관련된 한국교회 특유의 문화를 만들었다.

목회(牧會)는 말 그대로 '하나님의 회중을 먹이는 일'이다. 하지만 교인의 수, 주일 헌금의 액수, 교회 건물의 유무, 노회나 교단에서의 위치, 이것들이 목회하는 데 있어 목회자가 자신을 하나님 앞에서 세워 가는 과정보다 훨씬 더 중요한 일로 등장한다. 더구나 사모가 열성이 있는 분이면 목회자와 사모가 함께 교회를 일구어 나가고 교인들을 챙기게 된다.

그렇게 하다 보면 교회는 하나님의 교회요, 교회 일은 하나님의 일이고, 교회 재산은 하나님의 재산이지만, 어느새 교회는 목사와 사모의 교회가 되고, 교회 일은 목사와 사모가 함께 주축이 된 가업(家業)이 되어 간다. 더구나 한국교회에서만 찾아볼 수 있는, 내가 아는 서구 교회 어디서도 볼 수 없는 한국교회 안에서 볼 수 있는 특이한 현상이 개척하는 목사나 목사 가족의 돈이 교회 개척에 투입되는 경우다. 이럴 경우, 교회 재정이나 인사에 담임목사의 영향력이 커지고 재량권이 많이 주어질수록 교회가 사유화될 가능성은 더욱 커지게 된다.

목회자 승계와 관련해서, 이러한 상황에서는, 물러날 시점이 가까이 다가오면 그렇게 애써 일군 교회를 남에게 넘겨주기보다는 (아들이나 사위가 신학을 하거나 이미 목사가 되었을 경우에는) 아들이나 사위에게 넘겨주고 싶은 마음이 자연스럽게 생긴다. 그러므로 목회 세습은 이에 따른 자연스러운 결과로 따라

오게 된다. 여기에는 일반적인 상식도, 세상의 비난도, 성경적인 관점도 영향을 주지 못한다. 마치 힘써 가꾸어 온 가게를 자식에게 물려주듯이 애써 가꾼 교회를 자식에게 물려주는 것은 지극히 상식적이고 당연한 일처럼 되어 버린다.

그런데 목회와 관련되어 한국교회 안에 형성된 이런 문화는 성경에서 보는 목회, 교회, 목회자의 승계 정신과는 너무나 먼 현실이다. 즉 오늘 한국교회는 예수를 말하지만 예수의 삶과 가르침과는 별로 관계없는 교회가 되었다. 한국교회는 가정, 학교, 기업, 정부 조직처럼 사회 속에 있는 여러 제도, 여러 기관 가운데 하나의 제도, 하나의 기관으로 한국 사회 안에서 분명 자리를 잡았다. 그래서 교회도 다른 제도와 조직이 돌아가는 방식대로 돌아가는 법을 배웠다. 이 방식이 다름 아니라 우리가 '세상'이라 부르는 삶의 방식이다. 자크 엘륄Jacques Ellul의 표현을 따르자면 '기술적 사고'다. 목표를 설정하고 수단을 강구하는 방식이다.

오늘 교회와 목회자가 설정하고 있는 가장 큰 목표는 교회 성장이다. 제자 훈련, 전도 폭발, 이 모든 것은 성장을 위한 수단으로 사용된다. 이 맥락에서 보면 세습도 교회 성장(아니면 최소한 교회의 현상 유지)의 수단이 되었다. 이 모든 것의 바탕에 있는 존재론적 원리는 스피노자Baruch de Spinoza가 '코나투스 에센디(conatus essendi)'라고 부른 '자기 자신의 존재를 유지하고자 하는 노력'이라고 생각한다. 물러나는 목사는 목사대로, 교회 장로들은 장로대로, 교인들은 교인대로, 자신들의 현재 상태를 유지하면서 더욱더 크고, 더욱더 많은 사람이 모이는 교회로 키우고자 하는 욕망이 현상 가운데 하나로 표출된 것이 목회 세습이 아닌가 생각한다.

한국교회가 지금 단계에서 이런 방식으로 전개된 것은 어쩌면 당연한 일이다. 지난 세기 한국 역사는 한마디로 비참한 역사였다. 나라를 잃었고, 다시 찾은 나라조차 몇 년 뒤에는 전쟁으로 초토화되었다. 산과 들, 도시가 초토화되었을 뿐 아니라 전통적인 가치, 전통적인 사회 체계 등도 초토화되었다. 양반, 쌍놈으로 나누던 신분제가 없어진 것도 이때였다. 폐허가 된 상황에서 무엇이 유일한 가치이고, 목적일까? '생존'이다. 전쟁을 경험한 사람들, 이들을 부모로 가졌던 사람들에게는 생존만큼 중요한 가치가 없다. 살아남기 위해서는 남들과 경쟁을 하지 않을 수 없고, 경쟁을 하자면 남을 배제하지 않을 수 없다.

6·25 전쟁은 한국교회의 방향과 한국 그리스도인의 신앙의 기본적인 방향 설정에 깊은 영향을 주었다고 생각한다. 일본 강점기 시대만 하더라도 우리 한국교회는 철저히 내세 지향적이었다. 지금, 여기 우리가 살고 있는 현실은 그리 중요하지 않았다. 새 하늘과 새 땅에 대한 기대를 가지고 있었다. 내가 고등학생이던 1960년대 후반까지만 해도 종말에 관한 설교가 많았다. 내가 다녔던 시골 교회의 목사님은 거의 요한계시록, 다니엘서, 에스겔서만 설교했다(이분은 부임하실 때 책 한 권 없이 성경 한 권 들고 오신 분이다). 그런데 '내세 지향적'인 한국교회를 철저하게 '현세 지향적'으로 바꾼 것이 6·25 전쟁이었다. 전쟁을 경험한 사람들에게 내세는 별로 기대할 것이 아니다. 지금 당장

치열한 경쟁을 통해서라도 살아남아야 했다. 이런 배경에서 보면 한 건물에 교회가 몇 개나 들어서 있으면서도 서로 형제자매로 동류의식을 갖기보다 경쟁의식을 갖게 되는 것은 어렵지 않게 이해할 수 있다. 그런데 생존은 단순한 생존, 단순한 '자기 보존'에만 머물지 않고, 니체Friedrich Nietzsche의 말을 빌리자면 '자기 상승'을 요구한다. 그래야 힘을 더욱 가질 수 있고 자기실현이 가능하기 때문이다.

오늘 한국교회, 목회자들, 교회에서 중요한 역할을 하는 장로와 집사들도 근대사의 경험과 함께 형성된 생존 욕구를 따라 생각하고 행동하는 데서는 다른 사람들과 별 다를 바가 없다. 전쟁의 초토화를 경험하고 자본주의 체제 안에서 오직 생존을 목표로 살아온 사람들 가운데 기독교인들이 가장 앞장선 사람들이 아닌가 생각해 볼 수 있다. 하나님의 힘을 빌려, 세상 사람들보다 더 세상의 논리와 삶의 방식을 이용해서 성공을 거두고자 한 사람들이 교인들이고, 장로들이고, 목회자들이라고 보는 것은 지나친 것일까? 그래서 교회도 결국 '세상'을 벗어나지 못하고 세상보다 오히려 더 세상이 되었기 때문에 세습과 같은 현상이 나타나는 것이라고 생각하는 것이 무리일까?

우리나라 전통 종교에 있던 기복 신앙이 기독교에 깊숙이 들어오게 된 것도 이때였다. '예수 믿으면 복 받는다'는 것을 강조했다. 십일조도 이때 이후로 강조되었다. "십일조를 드려 보라. 하나님을 시험해 보라. 그러면 하나님이 네 곳간을 채워 주실 것"이라는 얘기를 자주 듣게 된 것은 내가 고등학교 다닐 때였다. 이런 상황에서 한국교회의 방향을 바꾼 교회가 조용기 목사의 순복음교회였다고 생각한다. 서대문 대조동에서 장모와 함께 천막 교회를 시작할 때 조용기 목사가 내세웠던 것은 '지금, 여기, 구원'이었다. 그는 설교할 때 성도들이 가지고 온 모든 문제를 해결 받아 가기를 기도했다. 그래서 예배를 마치고 나갈 때 교인들이 "목사님, 제 문제가 해결 받았습니다"라는 말을 듣기를 원했다. 신유의 은사와 방언을 순복음교회는 강조했다. 영적으로 구원받고, 건강하고, 물질적으로 축복받는 것이 우리가 하나님을 믿는 이유처럼 이해되었다. 내 자식, 내 남편, 여기서 한 걸음 더 나가, 우리 교회의 잘됨을 언제나 기도 제목의 중심에 두게 되었다. 인생은 문제 많고 병들고 죽을 수밖에 없는 존재이고, 삶은 빡빡하고 힘든 것을 염두에 두면 모두 쉽게 이해가 되는 일이다.

조용기 목사의 설교에 대해서 내가 관심을 가지게 된 계기는 2000년 네덜란드에서 있었던 세계 기독교 철학자 대회에 발표할 논문을 준비할 때였다. 한국 문화와 기독교 신앙의 관계를 다루어 달라는 부탁을 받고 그때 무척 고심했다. 나의 관심은 신학적 토착화 문제보다는 한국교회 신자들의 신앙 생활(Practice of Faith)의 방식에 있었다. 한국교회에는 어느 나라 신자보다도 성경책을 무척 사랑하는 전통이 있다. 그리고 모이는 데 열심인 전통도 있다. 복 받는 데 관심을 많이 둔 전통도 있다. 그래서 한국교회 교인들이 신앙 생활하는 방식을 전통 종교를 배경으로 살펴볼 수 있는 가능성을 모색하다가 내가 선택한 방식은 유교를 통해서 기독교로 들어온 윤치호 선생과 도교를 거쳐 기독교로 들어온 길선주 목사, 그리고 불교를 거쳐 기독교로 들어온 조용기 목사의 개종과 신앙 생활 방식을 들여다보는 것이었다(앞서 언급한 〈어떻게 참된 그리스도인이 될 것인가〉에 이때 발표된 글이 번역되어 실려 있다). 이 과정을 통해 나는 조용기 목사가 한국 기독교의 현세화에 크게 기여했다는 결론을 얻었다.

우리의 현실은 교회도 한국 사회를 가동시키는 동일한 방식에 따라 운영되고 유지되고 확산되는 것이 아닌가 물어보아야 할 것이다. 메시아 예수가 가르치고 선포하고 보여 주었던 삶의 방식과는 관계없는 방식으로 우리의 삶이 추구되고 유지되는 것이 우리의 현실이 아닌지, 목회자를 청빙하는 과정이나 목회자상에 대한 이해와 의사 결정 방식이나 과정 등이 우리가 몸담고 있는 한국 사회에서 이미 익숙한 것들을 따라 이루어지는 것이 아닌지, 오히려 세상은 스스로 변혁하고 수정하고 개선해 나가지만 교회는 더욱더 그 이전의 세상 방식을 따르고 있지 않은지, 처음부터 다시 검토해 보고 점검해야 하지 않을까 생각한다. 예수를 믿는다는 것은 무엇이며, 교회란 이 땅에서 어떤 존재이며, 목사는 누구이며, 신자가 누구인지, 참되고 선하며 아름다운 삶의 원천으로 믿고 고백하는 삼위 하나님은 누구인지, 삼위 한 분 하나님을 삶의 주인으로, 통치자로 고백한다는 것이 우리의 일상생활에서 어떻게 드러나는지를 다시 처음부터 묻고 숙고해야 하지 않을까. 이 지점까지 생각이 미치게 되면 세습은 기독교가 하나의 '종교'가 되고, 교회가 사업체가 된 결과 당연하고도 자연스럽게 발생한 하나의 결과요, 현상이라는 결론에 도달할 수밖에 없지 않을까 생각한다. 세습의 문제를 다루다 보면 이보다 더 크고 심각한 문제가 더 깊은 곳에, 더 내밀한 곳에, 눈에 잘 보이지 않는 곳에 도사리고 있다는 생각을 지울 수가 없다.

Section 3 그리스도인은 어떻게 살아야 하는가
신앙의 출발점과 목표점

그런데 물음은 잘 먹고 잘살기 위해서, 남보다 더 건강하고 더 돈이 많고, 더 평안을 누리다가 천국 가서 더 큰 것들을 누리도록 하나님이 성도들을 부르셨는가 하는 것이다. 누구나 행복하게 되기를 바란다. 누구나 슬픔보다는 기쁨을 누리길 원한다. 누구나 남들로부터 억울함을 당하지 않고 사람 대우 받기를 원한다. 누구나 병들기보다는 건강하게 이 땅에서 살기를 원한다. 그런데 이것들이 하나님이 성도들을 불러 모으신 까닭인가?

우리는 이 시점에 와서 이렇게 다시 묻지 않을 수 없다. 그리스도인들을 하나님이 부르실 때 하나님이 소망하신 것이 무엇일까? 그리스도인은 어떻게 생각하며, 무엇을 믿으며, 무엇을 알기를 추구해야 할 것인가? 그리스도인은 어떻게 살아야 할 것인가? 그리스도인들이 소망을 갖는다면 무엇에 소망을 두어야 할 것인가? 그런데 하나님께서 그리스도인들을 각각 부르셨지만 각각 홀로 두지 않고 '교회'라는 공동체로 부르셨다면 교회는 무엇이고, 그곳에서 전임으로 사역하는 목사는 누구이며, 성도는 누구인가, 아니 무엇보다도 신앙이란 무엇인가, 신앙 생활 한다는 것은 도대체 무엇인가, 우리는 다시 물어보지 않을 수 없다. 나는 이것이 지금까지 우리가 기독교 세계관이라고 할 때 늘 '창조, 타락, 구속'의 관점에서 하던 얘기를 좀 더 일상적인 교회 상황과 우리의 신앙 생활 차원에서 얘기할 수 있는 방법이 아닌가 생각한다. 물론 지금부터 얘기하는 것들이 결코 '새로운 세계관'은 아닐 것이다. 왜냐하면 새로운 삶을 위해서 이미 성경 말씀을 통해 어떤 생각, 어떤 태도, 어떤 삶, 어떤 관점을 요구하는지 우리에게 오래 전부터 충분히 주어졌기 때문이다.

먼저 물어보자. 교회가 무엇인가? 아니, 교회가 어떤 곳인가? 동일한 방식으로 예컨대 집은 무엇인가, 학교는 무엇인가라고 우리는 물을 수 있다. 집은 가족 공동체이고, 학교는 교육 공동체다. 교회는 그러면 무슨 공동체인가? 신앙 공동체다. 삼위 한 분으로 계시는 하나님을 신앙하는 사람들의 모임이 교회다. 아무리 집이 좋고 크더라도 그 속에 들어 사는 가족이 없다면 집이 아니다. 학교도 마찬가지로 다른 활동이 포함될 수 있지만 교육이 빠져 있고 교육이 제대로 이루어지지 않는다면 학교라고 할 수 없다. 마찬가지로 삼위 한 분 되신 하나님을 믿는 신앙이 없다면 교회라고 할 수 없다.

교회 생활 중에 여러 활동이 있다. 예배, 교육, 봉사, 선교, 양육 등은 교회의 본질을 실현하기 위해서 하는 활동이다. 그러나 이 모든 것이 만일 삼위 한 분 되신 하나님을 믿는 일과 무관하다면 이것들은 쓸모없는 힘의 소비에 지나지 않다.

그런데 문제는 하나님을 믿는다는 것이 어떤 것인가 하는 것이다. 우리는 교회에서 믿음 좋다는 사람들을 많이 본다. 입만 열면 "믿습니다, 아멘"을 연발하는 경우를 자주 본다. 목사들이 설교 중에 "믿습니까?"라는 질문을 해서 '아멘'을 이끌어내는 경우를 종종 본다. 쉽게 "아멘" 하고, 쉽게 "할렐루야" 하는 경우가 많다. 그만큼 하나님의 뜻과 마음에 사로잡힌 결과일 수 있다.

그러나 하나님을 믿는 신앙은 여기에 그치지 않는다. 하나님을 믿는 신앙은 단지 "예, 하나님, 제가 믿습니다"라고 말로, 입술로 고백하는 것으로 충분하지 않다. 하나님을 전적으로 의지하고, 그분이 우리 삶의 주인임을 알고 믿고 따르고, 그분의 성품, 곧 아버지와 아들과 성령님의 성품을 가지고 그분이 원하는 삶을 살아가는 삶이다. 삼위 한 분 되신 하나님의 성품과 성품에 따른 존재와 행위 없이는 우리는 참된 신앙을 말할 수 없다.

"의인은 믿음으로 산다"고 할 때, 믿음은 단지 입술로 "믿습니다"라고 말하거나, 마음속으로 "네, 제가 믿습니다"라고 의지를 통해 결단하고 다짐하는 것에 그치지 않는다. 아버지와 아들과 성령님, 오직 이 한 분 하나님만이 나와 우리 삶에 선한 것과 참된 것과 의로운 것의 원천임을 알고 감사하며, 그분만 의지하고 온 삶을 맡기고 사는 삶이 믿음이고 신앙이다. 이러한 믿음을 가지고 사는 사람이 의인이요, 이 믿음으로 의인은 살게 된다.

만일 우리가 하나님을 제대로 믿는다면 이 믿음은 사랑으로 나타난다. 하나님을 사랑하면 우리는 하나님을 좋아하고, 좋아하면 생각하게 되고, 생각하게 되면 보고 싶어 하고, 보고 싶어 하면 같이 있고 싶어 하고, 같이 있으면 닮아 가게 된다. 금슬이 좋은 부부가 닮아 보이는 것도 그런 까닭일 것이다. 남녀 간의 사랑뿐만 아니라 우리가 하나님을 사랑하면 하나님의 성품을 닮아 가게 된다. 오직 하나님만 사랑하라는 이유도 그렇게 해야 우리가 하나님의 성품을 닮아 갈 수 있기 때문이다. 사랑하지 않으면 닮을 수 없다. 하나님이 우리를 부르신 이유는 '하나님의 성품에 참여하여'(벧후 1:4 참조) 그것을 우리도 나누어 갖게 하시기 위한 것이다. 자녀라면 부모를 닮는다. 그러므로 하나님의 자녀는 하나님을 닮게 마련이다. 하나님의 성품을 닮는 것은, 사실은 우리가 그렇지 못한다고 해도 원칙적으로 그렇게 하지 않을 수 없다. 만일 하나님의 성품을 닮지 않는다면 우리 신앙을 다시 점검해 보아야 한다.

에베소서 4장에서는 하나님의 성품을 닮아감에 대해서 이렇게 말한다. "우리가 다 하나님의 아들을 믿는 것과 아는 일에 하나가 되어 온전한 사람을 이루어 그리스도의 장성한 분량이 충만한 데까지 이르리니 이는 우리가 이제부터 어린 아이가 되지 아니하여 사람의 속임수와 간사한 유혹에 빠져 온갖 교훈의 풍조에 밀려 요동하지 않게 하려 함이라. 오직 사랑 안에서 참된 것을 하여 범사에 그에게까지 자랄지라. 그는 머리니 곧 그리스도라 그에게서 온 몸이 각 마디를 통하여 도움을 받음으로 연결되고 결합되어 각 지체의 분량대로 역사하여 그 몸을 자라게 하며 사랑 안에서 스스로 세우느니라."(엡 4:13~16)

하나님의 성품을 닮아 가는 과정을 이 본문은 출발점에서 시작하여 과정, 그리고 목표 지점을 분명히 그려 두고 있다. 물론 순서 그대로 명료하게 드러나 있는 것은 아니다. 그러나 조금만 마음을 써서 들여다보면 어렵지 않게 찾아낼 수 있다. 먼저 하나님께서 불러낸 성도들은 애초에 어떤 상태에 있던 사람들인지 방금 읽은 구절에 한마디로 서술해 두었다. '어린아이(nepioi)'다. 좀 더 자세한 서술을 보면 "사람의 속임수와 간사한 유혹에 빠져 온갖 교훈의 풍조에 밀려 요동하는 사람"이다. 그런데 부름 받은 성도는 '이제부터' 그런 어린아이가 되지 아니하는 사람들이다. 성도가 세움을 받아 그리스도의 몸으로 형성되어 가야 할 방향이 13절에 세 가지로 표현이 되어 있다.

첫째는, 하나님의 아들, 곧 그리스도를 믿는 것과 아는 일에 하나가 된 사람들이다. 이 점에서 세상 사람들과 다르다. 하나님의 아들, 곧 예수 그리스도를 알고 믿는 믿음을 통해서 다 같이 하나님의 자녀로 연합된 사람들이다.

둘째는, '온전한 사람', '성숙한 사람(eis andran teleion)'이다. 더 이상 '어린아이'가 아니다.

셋째는, "그리스도의 장성한 분량이 충만한 데까지" 이르는 사람이다. '그리스도의 가득한 키의 정도에까지' 자라는 사람이란 말이다. 여기서 '그리스도의 키'는 도달해야 할 목표점이면서 기준이다. 즉 성도들이 그리스도에 이르기까지 자라 가야 한다는 말이다.

여기서 우리는 세 가지를 단계적으로 생각할 수 있다. 무엇보다도 예수 그리스도를 믿는 믿음, 그를 아는 앎에서 모든 성도들이 하나의 연합체, 하나의 일체를 이루는 것이 무엇보다 중요하다. 만일 그렇지 않다면 그리스도의 몸이 아니다. 몸은 유기체, 연합체를 상징한다. 마르틴 루터^{Martin Luther}의 〈그리스도인의 자유에 관한 논고〉에서 믿음으로 얻는 그리스도의 연합이 매우 강조되어 있다. 왜냐하면 그리스도와 하나 됨은 믿음으로 의롭게 된 그리스도인이 삶 속에서 선행의 열매를 맺을 수 있는 존재론적 기초가 되기 때문이다. 그런데 에베소서에서 얘기하는 하나 됨은 그리스도인 한 개인이 그리스도와의 연합함을 뜻하는 것이 아니라, 그리스도인들이 공동체적으로 그리스도를 믿는 믿음과 지식 안에서 하나 되어 성숙한 인간을 이루는 것이다. 출발점이 그리스도를 아는 믿음과 지식이다. 이것이 우리 가운데 풍성해야 한다. 그렇지 않고서는 성도라 할 수 없고, 성도의 모임인 교회라 할 수 없다.

두 번째 우리가 신앙의 목표로 삼아야 할 것은 '온전한 사람'이다. 재미있게도 여기서 '온전한 사람'은 단수로 쓰였다. 집단적으로 '온전한 사람들', '성숙한 사람들', 또는 '어른들'이라 하지 않았다. 단수다. 각각 성숙한 사람으로 서야 한다. 홀로 그렇게 설 수 있어야 한다. 신앙은 함께 공동체를 이루지 않고서는 불가능하다. 교회는 그러므로 언제나 공동체성을 강조한다. 그럼에도 각각 제 발로 홀로 서지 않고서는 공동체의 일원일 수 없다. 홀로 서지 않고서는 진정한 공동체를 구성할 수 없다. 우리 각자 홀로 서려고 노력해야 한다. 이렇게 하는 데는 물론 공동체적 노력이 필요하다. 옆에 있는 성도가 홀로 설 수 있도록 도와주어야 한다. 모두 어린아이가 되어 우왕좌왕하면 참된 신앙 공동체일 수 없다.

세 번째가 그리스도의 키만큼 자라 가는 것이다. 어떻게 하는 것이 그의 키만큼 자라 가는 것인가? 그리스도의 키가 얼마나 큰가? 우리가 신앙 가운데서 그리스도에 이르기까지 자라 가야 한다면 얼마나 자라야 하는가? 쉽지 않은 물음이다. 만일 '키'라는 신체의 크기를 표시하는 단어를 성품의 언어로 바꾸면 어떻게 표현할 수 있을까? "사랑 안에서 참된 것을 하여 범사에 그에게 이르기까지 자라갈지라." 사랑, 참 됨이다. 참 됨, 진실을 말하고 행하되, 미움이나 질투나 분쟁을 위해서가 아니라 진실로 하나님을 사랑하고 사람을 사랑하는 마음으로 참 됨을 행하고 말하라는 것이다. 여기에 그치지 않고 에베소서 5장에서는 성도가 가져야 할 성품과 행동에 대해서 계속 열거하고 있다. 이것이 결국 5장 8절과 9절에 가서는 빛의 열매에 관한 얘기로 이어진다.

우리에게 이런 열망이 있는지 물어보아야 한다. 무엇을 위해 우리는 신앙 생활을 하고 있는가? 목사들의 경우, 무엇을 위해서 설교를 해야 하는가? 성도들의 경우, 무엇이 신앙의 목표인가? 만일 우리 자신이 그리스도의 성품으로 빚어 가고, 그를 닮아 살아가는 데까지 이르지 않는다면 우리의 신앙은 그렇게 성공적이라 말할 수 없을 것이다.

에베소서는 성도의 삶의 자리를 빛이라 말한다. 아니 성도의 신분, 성도의 정체성을 빛에 비유한다. "전에는 어둠이더니 이제는 주 안에서 빛이라…."(엡 5:8) 그렇다면 빛의 삶을 살아야 한다. 그런데 우리 자신을 보자. 우리 속에 어둠이 넓게 자리 잡고 있지 않는가? 우리에게 온전히 예수처럼 살고 예수처럼 걸어가고자 하는 열망이 있는가? 요한일서 2장 6절 말씀을 보자. "그의 안에 산다고 하는 자는 그가 행하시는 대로 자기도 행할지니라."(요일 2:6) 예수처럼 걸어가기, 예수처럼 살아가기. 이것이 끊임없이 우리 신앙의 '화두'가 되어야 할 것이다. 이것은 일반적으로 말하는 '윤리'와 의미가 전혀 다르다. 그렇다고 '윤리'와 무관하다고 할 수 없다. 나타난 결과는 철저히 윤리적이나 그렇게 나타나게 만드는 근거는 철저하게 성부론적이고 그리스도론적이고 성령론적이다. 한마디로 줄여 말하자면 삶의 열매로 보이는 윤리는 철저하게 삼위일체론적으로 근거지어진 윤리다.

Section 4 목회란 무엇인가
성도를 온전케 하는 일

교회는 '믿는 사람들의 공동체'이고 '성도들의 신앙 공동체'다. 바울이 특히 지역 교회의 그리스도인들을 부를 때 '성도'라는 호칭을 자주 사용했다. 모든 하나님의 자녀들은 이런 의미에서 '성도'다. 목사도 성도요, 장로도 성도요, 권사와 집사도 모두 성도다. 존귀한 이름이다.

그런데 장례식을 치를 때나 교회에서 호칭을 할 때 직분이 없는 사람을 일컫는 말로 잘못 사용되고 있는 현실이 안타깝다. 묘비나 제사 지낼 때 쓰는 지방을 쓸 때 '학생'이란 말을 쓰는 예를 아마 기억할 것이다. 유교에서는 벼슬하지 않은 평민을 일컬어 '학생'이란 용어를 쓰고 있다(우리가 student라는 뜻으로 '학생'이라 요즘 쓰는 것은 원래 유교에서 온 말이다). 교회에서 '성도'를 저런 방식으로 쓰는 것은 유교 전통을 배웠기 때문이다.

교회가 성도들의 신앙 공동체라고 해서 교회 직분자들이 무시되는 것이 아니다. 그리스도께서 어떤 이는 사도로, 어떤 이는 선지자로, 어떤 이는 복음 전하는 자로, 어떤 이는 목사로, 어떤 이는 교사로 세우셨다고 바울은 말한다.(엡 4:11) 그러므로 오늘날의 교회도 직분자들의 자리를 소중하게 생각해야 한다. 그런데 중요한 것은 왜 교회에 직분자를, 그 가운데서 특히 목사를 세웠느냐 생각해 보아야 한다. 교회의 직분으로서 목사(poimen)를 가리키는 말은 신약성경에서 에베소서 4장 11절에 유일하게 나온다. 역사를 보면 교회 직분으로 목사와 장로, 집사, 이렇게 3직으로 체계화한 분이 칼뱅Jean Calvin이다. 자세히 얘기를 할 수 있지만 생략하겠다. 본문에서는 하나님께서 여러 직분을 주신 목적을 얘기하고 있다. "이는 성도를 온전케 하며…"(엡 4:12)에서, 성도란 하나님께서 세상에서 불러 거룩한 사람들로 성결되게 구별한 사람들이다. 교회를 구성하는 기본 멤버들이다. 하나님께서 부르신 것으로 곧장 성결하지도, 곧장 성도로서 살 수 있는 상태로 전환되지 않는다. 그러므로 바울은 끊임없이 성도들을 권고하고 있다.

그런데 오늘 우리의 삶의 현장에서 그 일을 해야 할 사람이 누구인가? 무엇보다 목사다. 주요 임무가 '성도를 온전케 하는 일'이다. '온전케 한다'는 말이 무슨 말인가? 원문을 보면 pros katartismon ton hagion, eis ergon diakonias, eis oikodomen tou somatos tou Christou라고 되어 있다. '카타르티스모스' 또는 그 동사 '카타르티제인'이란 말은 상처 난 것, 해어진 것, 떨어진 것을 다시 싸매고, 고치고, 회복시키는 것을 말한다. 마가복음 1장 19~20절은 "조금 더 가시다가 세베대의 아들 야고보와 그 형제 요한을 보시니 그들도 배에 있어 그물을 깁는데 곧 부르시니 그 아버지 세베대를 품꾼들과 함께 배에 버려 두고 예수를 따라가니라"(막 1:19~20)는 말씀인데, 여기서 "그물을 깁는데"라고 할 때 '깁다'는 말이 바로 이 말이다.

목회는 무엇보다 하나님의 말씀을 통하여 일종의 찢어진 그물을 깁는 일이다. 상처 난 심령, 깨어진 가정, 세상에서 성도로 살고자 애쓰나, 판에 판판이 넘어지고 쓰러지고 실패한 성도들이 주님의 교회로 모여들 때, 그들의 상처를 직시하고 상처를 싸매는 일이 목회에서 중요한 일이다. 우리의 삶에 얼마나 많은 문제와 괴로움과 상처가 있는가. 이것들이 성도로서 세상에서 부름 받은 대로 사는 데 방해가 되는 일이 얼마나 많은가. 이 일이 목회의 1차적인 일이라 할 것이다. 그러자면 예수의 마음이 필요하다. 잃어버린 양 한 마리의 비유에 그 마음이 잘 나타나 있지 않은가. 불쌍히 여기는 마음이다. '스플랑흐나'의 마음이다. 나인 성 과부의 아들을 보실 때, 목자 없는 양 같은 이스라엘을 보실 때, 그리고 예수님의 비유에서 사마리아인이 강도 만난 사람을 보았을 때, 탕자 비유에서 아버지가 둘째 아들이 집으로 돌아오는 것을 보았을 때 가졌던 마음이 바로 이 마음이다. 성도를 불쌍히 여기는 마음, 아파하는 마음, 어미의 마음처럼 안타까워 견딜 수 없는 마음 없이는 목회를 할 수 없다.

그러나 끊임없이 상처만 치료하고 있을 수 없다. 말씀으로 훈련을 시키는 일이 중요하다. 성도가 살아가는 삶의 자리는 세상이다. 목사의 일터는 교회다. 교회에 모여든 성도들을 훈련시켜 세상에 나가서 성도로서 삶을 살도록 훈련시키는 일이 목사의 중요한 일이다. "성도를 온전케 하며"라는 구절을 대부분의 영어 성경에서 '준비시키며(preparing)'라고 번역한 것도 이 때문이다. "준비시키다(preparing)" 또는 "구비시키다(equipping)"라고 번역할 수 있다. 예를 들어 등산을 간다고 하자. 무엇이 필요한가? 장비가 있어야 하고, 체력이 단련되어야 하고, 필요한 장비를 사용할 줄 알아야 한다.

세상에서 우리가 신앙 생활을 할 때도 마찬가지다. 등산을 가는 사람이 산을 잘 알아야 하듯이 세상을 잘 알아야 한다. 등산을 할 때 지형지물, 장애물, 위험 지대 등을 잘 파악해야 하듯이 성도로서 세상을 살아갈 때 세상이 무엇이며 어떻게 이루어져 있으며, 어떤 지점에서 성도를 실패하게 하는지 알아야 한다. 그리고 그 세상이 사실은 하나님이 관심을 가지시고 독생자를 보내시고 회복하실 하나님나라의 부분임을 알고 회복하는 사역에 성도가 사역자로 참여할 수 있도록 돕는 일이 목회자에게 중요하다. 성도를 세상에서 하나님나라의 사역자로 만드는 일, 이것이 목회에서 매우 중요한 일이다. 이것이 되지 않으니 교인들을 계속 교회 안에서만 맴돌게 하고 있다. 유감스럽게도 오늘날의 신학 교육은 이 점에서 거의 준비가 되어 있지 않다. 이렇게 하자면 끊임없이 공부하지 않으면 안 된다. 성도들의 자리를 알아야 한다. 우리가 존 스토트(John Stott) 목사를 존경하는 여러 이유 가운데 하나가 바로 이런 점과 관련이 되리라 생각한다. 그의 책인 〈현대 사회 문제와 기독교적 답변(Issues Facing

Contemporary Christians 〉〉은 각 분야 전문가들과 15년 이상 매월 만나서 가난 문제, 노동 문제, 평화 문제, 환경 문제 등에 대해서 그들로부터 듣고 공부하고 성경적인 대안을 제시하고 토론한 결과다.

성도를 온전케 하는 일이 목사의 일이라고 해서 목사도 성도 가운데 하나임을 망각할 때 우리는 '성직자주의'에 빠지고 만다. '양떼를 친다'고 해서 자신도 하나님의 양이라는 사실을 망각할 때, 목회자는 하나님의 양으로서 자신을 훈련시키고 성도들보다 하나님 앞에서 두려움과 떨림으로 살아가야 할 자임을 소홀하게 된다. 마치 자신은 다 된 줄 알고 성도들에게만 끊임없이 설교하게 된다. 이것이 나를 포함해서 모든 설교자들이 빠지는 함정이다. 자신은 그 설교에서 제외해 버린다. 그러니 신앙의 진보가, 신앙의 성숙이 없을 수 있다.

Section 5 마치는 이야기
목사와 성도와 교회의 과제

오늘날 한국교회는 난국에 처해 있다. 어떻게 헤쳐 나가야 하는가? 공자는 '정명론(正名論)'을 얘기했다. '이름이 바르게 되어야 한다'고 말이다. 임금이 임금답고, 신하가 신하답고, 아버지가 아버지답고, 자식이 자식다워야 한다는 것이다. 이 말을 빌려 말하자면 교회가 교회다워야 하고, 목사가 목사다워야 하고, 성도가 성도다워야 한다.

목사는 이래야 한다.

❶ 말씀에 미쳐야 한다. 자신이 그 말씀 앞에서 부들부들 떨면서 엎드리지 않고서는 성도들을 먹일 수 없다.

❷ 성도들을 돌아보아야 한다. 성도는 목회의 수단이 아니다. 목회의 대상들이다. 성도들을 돌보지 않는 목회는 목회라고 할 수 없다. 병든 사람이 있으면 지체하지 않고, 거리가 얼마나 멀든지, 지위가 높든지 낮든지, 경제적으로 부하든지 가난하든지 막론하고 찾아가야 한다. 어떤

종류의 문제라도 문제에 부딪혀 신음하는 성도가 있으면 지체 없이 찾아가야 한다.

❸ 자기를 따르는 성도나 그렇지 않아 보이는 성도를 구별하지 않고 모두 가까이 할 수 있어야 한다. 목사와 교인의 관계를 '불가근불가원(不可近不可遠)'이라 표현하는 사람이 많다. 잘못된 말이다. 외교술이고 처세술일 수는 있어도 목회자의 생활철학일 수 없다. 누구나 가까워야 한다. 좋아하는 사람은 자주 찾아보고 자주 살펴보면서 좋아하지 않는 사람에게는 그렇게 대하지 않고 외면하는 사람은 목회를 할 수 없다.

❹ 누구보다 성도로서 삶의 모범이 있어야 한다. 여기에는 희생이 따르고 불편이 따를 수 있다. 우리가 과거 못 살던 시절의 목사님들을 그리워하는 것은 그 많은 어려움 가운데서도 희생하시면서 교회를 위해 희생하고 헌신하는 모습 때문이다. 이제는 목사직도 직업이 되면서 이런 모습이 사라진 것을 우리는 안타까워한다. 직업이라 할지라도 직업인에게 요구되는 근면함과 책임과 성실함이 있다.

❺ 언행일치하려고 노력해야 한다. 목사는 설교를 하는 분이기 때문에 말을 많이 할 수밖에 없다. 그러나 삶이, 행동이 따르지 않으면 신뢰를 얻을 수 없다. 신뢰는 무엇보다도 언행일치를 통해 얻을 수 있기 때문이다.

성도들은 어떤가? 성도는 이래야 한다.

❶ '그리스도의 몸'을 세워 간다는 의식이 있어야 한다. 다른 지체를 돌아보고 그를 위해서 기도하고 찾아가고 위로해야 한다. 우리는 기도에서 너무나 이기적인 본성이 잘 드러난다. 우리의 일용할 양식과 가정과 자녀들, 직장 생활과 관련해서 기도해야 하겠지만 무엇보다 하나님나라가 오시길, 우리 삶에 하나님의 통치가 실현되기를, 하나님의 공의와 정의가 우리 삶을 지배하여 억울한 사람이 없이 모두 하나님께서 주신 재능과 가능성을 발휘하여 공동체의 평화에 기여하기를 기도해야 하겠다. 그러자면 오직 하나님만이 통치자이고, 왕이시고, 우리 삶을 다스리는 분이고, 우리는 그분을 섬기는 자리에 있는 자임을 인정하고 그렇게 살아야 한다. 그렇지 않고서 우리는 하나님나라를 위한 기도를 할 수 없다.

❷ '봉사의 일'을 하는 데 열심을 내어야 한다. 봉사는 말씀 봉사나 몸으로 하는 봉사뿐만 아니라 성도가 세상에서 하는 모든 일이 봉사, 곧 섬김이다. 성도의 섬김으로 인해 삶의 모든 영역이 하나님께서 원하는 방식과 완전히 동떨어지지 않는 방식으로 변화될 것이다.

❸ 세상에서, 직장에서, 가정에서 '성도'로서 살아야 한다. 하나님께서 성도들을 부르신 이유는 세상으로 보내기 위한 것이다. 성도로서 신앙 생활의 승패는 교회 안에서가 아니라 세상에서 드러난다. 그래서 성도들은 스스로 이

렇게 물어야 한다. 사회에서 손해를 봄에도 불구하고 그리스도의 사랑과 정의를 실천하려고 애쓰는가? 그냥 교회 예배에 출석하는 것으로, 헌금하는 것으로, 교회에서 어떤 직분이나 부서를 맡는 것으로 만족하지 않는가?

❹ 이 모든 것 가운데서 성도의 신앙의 목표가 그리스도를 알고, 그리스도를 사랑하고, (그리스도를 사랑함을 통해) 그리스도를 닮아 가고, 그리스도처럼 살아가는 데 맞추어져야 한다. 그냥 복 받고 평안하고 건강하고 자식들 잘 되고 세상에서 성공하는 데 관심을 두는 것이 성도의 삶이 아니다.

오늘 교회의 신뢰는 땅에 떨어졌다. 그리스도인들은 비난의 대상이 되었다. 2008~2010년, 3년간 한국교회 신뢰도 조사에서 내리 18%를 넘어서지 못했다. 더 이상 전도를 할 수 없는 상황이다. 경제적으로 못살 때, 병들어도 치료 방법이 없을 때, 교회는 어느 정도 피난처 구실을 할 수 있었다. 그러나 보자. 경제 수준이 어느 정도 이르게 된 사회는 모두 세속화되었다. 이제는 기복 신앙으로는 가능성이 없다. 삶의 열매를 통해서 세상과 대조된 모습을 보이지 않고서는 신뢰를 얻을 수 없다. 세상으로부터 신뢰가 그리 중요하지 않다고 하자. 세상 사람들조차 비웃는 교회가 되었다면 이런 교회를, 이런 교인들을 하나님께서는 기뻐하시겠는가? 우리 모두 하나님 아버지와 아들과 성령님의 성품을 닮아 가려는 열망을 가지는 교회의 일원이 되며, 그런 교회를 세워가며 사모해야 하겠다.

한국교회 초기의 구호를 생각해 본다면 "예수 믿고 천당 가자"는 것이었다. 최봉석(최권능) 목사의 "예수천당, 불신지옥"이 이것을 잘 보여 준다. 해방 후, 6·25 전쟁을 경험하고서는 "예수 믿고 복 받자"는 것이 구호였을 것이다. 1960년대 이후 경제 개발 계획과 함께 새마을운동이 시작되면서 "잘살아 보자"는 구호가 우리 한국인의 삶을 지배했다.

이제 어느 정도 잘살게 된 지금 그리스도인은 무엇을 외쳐야겠는가? "예수 믿고, 예수처럼 살아가자" 이렇게 구호를 외쳐야 하지 않을까 생각한다. 예수 믿고, 예수 따라, 예수 닮아 살아가는 삶이 오늘 한국 그리스도인이 나아가야 할 목표가 되어야 할 것이다. 예수 없는 교회, 예수와 상관없는 삶이 아니라, 이제 예수의 십자가와 부활을 체험한 성도들이 예수와 함께 십자가에서 죽고, 예수와 함께 살아나, 예수와 하나 되어 살아가는 교회가 되어야 할 것이다. 이것이 하나님께서 우리를 부르신 하나님의 소망이 아닐까 생각한다.

대안적인 삶을 선택한 공동체 이야기

―― 김인수

민들레공동체 대표

Section 1 시작하는 이야기
의는 반드시 이루는 날이 있다

교회나 회사를 비롯한 여러 단체에서 가장 많이 호소하는 어려움 중 하나가, 사람은 많은데 막상 쓸만한 사람이 없다는 것이다. 교육도 하고, 여러 방법을 강구하지만, 그래도 쓸 만한 사람을 구하는 것이 그리 쉬운 문제는 아니다.

예수를 믿고 난 지 얼마 안 돼 대학에 입학했다. 햇살 좋은 어느 날, 우연히 학교 출입구 앞에 놓인 빨간 쓰레기통에 눈길이 닿았다. 그 안을 들여다보니 깨끗하고 얇은 책자 하나가 구겨져 있었다. 호기심에 쓰레기통 안에 있는 책을 꺼내 보니 '도산 안창호 선생의 어록집'이었다. 그 자리에서 단숨에 다 읽었다. 그 가운데 한 구절이 뇌리에 선명하게 새겨졌다.

"진리는 반드시 따르는 자가 있고, 의는 반드시 이루는 날이 있다."

그날 이후로 도산의 이 말을 내 평생을 이끄는 중요한 리더십으로 자리 매겼다. 나는 도산의 이 말을 "네가 먼저 진리를 따르라, 따르면 사람들이 따라올 것이다"라는 말로 이해하고, 나름대로 그 말씀을 실천하려고 했다. 진리를 다 알거나 다 좇지는 못했지만, 진리를 따르려는 결의와 삶을 가능한 공개적으로, 명확하게 나누는 삶을 살려 했다. 그러다 보니 사람이 궁핍했던 적은 없었다. 늘 함께하는 청년들과 그런 삶을 함께 살려는 사람들이 주변에 있었다.

사람이 없다고 비판하거나 좌절할 필요가 없다. 중요한 것은 "과연 내가 리더로서 진리를 따르고 있는가?" 하는 이 질문에 진실하면 된다. 그러면 사람들은 저 사람이 진리를 따르는 사람인지 아닌지를 안다. 그리고 똑같이 따라오려고 용기를 낸다.

"의는 반드시 이루는 날이 있다." 보통 '의의 반대는 불의'라고 말하는데, 성경을 보면서 그 불의의 근본악이 무엇인가를 깨달았다. 불의의 근본악은 바로 돈에 대한 탐욕이다. 많은 사람은 돈으로 일을 하려 하고, 돈이 아니면 안 되는 줄로 생각한다. 그래서 돈을 투자해서 많은 일을 하지만 그 과정에 불의와 복잡한 일들이 많이 잉태된다.

그래서 나는 개인적으로 뜻있고 좋은 일은 좀 더디더라도 고생하며 가야 된다고 생각한다. 좀 늦게 가는 게 좋다. 늦게 가면서 자신에 대한 검증도 받고, 대의에 대해서도 상대방에게 이해 받을 필요가 있다. 돈이 있어서 쉽게 일이 되면 검증할 여유가 없다. 비록 시간이 걸리지만 돈에 대한 욕심과 돈의 권세에 기반을 두지 않고, 하나님의 마음, 중심을 좇아서 살아가려고 한다면 반드시 그 일은 진행되리라 믿는다.

대학을 졸업하고 SFC(Student For Christ, 학생신앙운동) 간사로 사역했다. 3년 동안 경남 진주 지역에서 학원 복음화를 위해 혼신의 힘을 다했다. 그때만 해도 CCC(Campus Crusade for Christ, 한국대학생선교회)의 김준곤 박사나 많은 지도자의 말씀대로 학원 복음화, 민족 복음화, 세계 복음화를 늘 마음에 품고 살았다. 학원 복음화를 해야 대학생들이 사회로 진출해서 민족 복음화를 이룰 수 있고, 민족 복음화가 되면 세계 복음화가 될 것이라는 단순하고 명확한 논리를 신뢰했다. 그래서 그 당시는 청년 복음화를 위한 일 외에 다른 일은 생각하지 않았다. 그 일이 가장 중요하고 시급한 일이라고 확신했었다.

그런데 이내 그런 생각을 고쳐먹었다. 복음이라는 것은 배운 사람과 부자, 영향력 있는 사람, 엘리트를 먼저 전도한다고 해서 복음화가 되는 게 아니라는 것을 성경을 통해 깨달았다. 그런 분들이 예수님의 제자로 제대로 산다면 좋은 일이나, 만약 그들이 예수님도 좇고 이 세상과 돈도 좇으려고 하면 반드시 이들을 통해 교회가 상상치 못할 세속화와 이 사회에 악덕을 끼칠 것이고 생각했다. 그래서 예수님은 복음 전도를 가난한 자들로부터 시작했다. 그 출발의 순수와 열정을 훼손하는 어떠한 복음 전도를 허용하길 원치 않으셨기 때문이리라.

이런 생각을 하게 된 이유가 하나님이 나를 농촌으로 부른 사건과 직결된다.

Section 2 민들레공동체 이야기, 하나
왜 대안 공동체를 시작했나

1986년 2월, 우리나라에서 복음화가 가장 낮은 곳이 지리산 서부 경남 지역이라는 이야기를 듣고는 지역 사정을 자세히 알고 싶은 마음이 생겨서 지역 마을을 방문했다. 첫날 '진양군 집현 당하'라는 제법 큰 마을을 둘러보았다. 그런데 아무리 봐도 그 지역에 교회가 없었다. 이 지역이 교회가 없어서 영적으로 버려져 있다는 참담한 마음이 들었고, 교회가 있으면 좋겠다는 단순한 생각을 했다.

그 다음 주일, 발길 닿는 대로 가다 보니 진주 진양호라는 다목적 댐 뒤의 대평면 사평리라는 마을에 이르렀다. 이 지역 역시 교회가 없는 초라한 농촌 마을이었다. 마을 내에 있는 사평초등학교에 들어가니 마침 아이들이 놀고 있었다. 그 아이들에게 복음을 전했더니 아이들이 너무 좋아했다. 그런데 교무실에서 지켜보고 있던 선생님이 "예수쟁이가 와서 소란을 피우냐", "재수 없으니 꺼져"라는 욕을 해대며 역정을 냈다. 의기소침해서 힘없이 학교 운동장에서 학교 대문을 향해 한걸음 두 걸음 걸어가고 있는데, 한 아이가 달려왔다. 이 아이가 무심코 던진 한 마디가 나의 운명과 삶을 완전히 바꿨다. "선생님, 학교 운동장에서 못 모이면 저 나루터에서 모이면 되잖아요." 그 순간 "한 명의 영혼이라도 예수님을 알기 원하면 내가 천 리 길이라도 와야지. 한 명의 영혼이라도 성경을 알기 원하면 만 리 길이라도 와야지"라는 생각이 들어서 그 자리에서 결단했다. 그날 이후 교회 없는 농촌 마을에 복음을 전하는 전도자가 되었다. 전도자가 된 것이 신학을 해서, 교육을 받아서, 누구와 토론해서 된 게 아니다. 현장에서 하나님께로부터 "교회 없는 마을에 복음을 전하라"는 명령을 받고 평생 농촌을 다니면서 복음 전도자가 되었다.

그날 이후로 했던 것은 딱 한 가지다. 서부 경남(진주와 사천 2개 시와 산청, 함양, 거창, 합천, 의령, 하동, 고성, 남해 8개 군)의 산과 들과 바닷가 골짝 골짝을 이 잡듯이 십 수 년을 다니기 시작했다. 교회 없는 지역을 다니면서 복음을 전했다. 그러면서 20대, 30대를 보냈다.

처음 농촌 선교의 부름을 받았을 당시는 마음이 좀 괴롭고 외로웠다. 젊은 청년이 농촌 선교를 하려니 무슨 참조할 만한 자료라도 있으면 좋겠는데, 서점에 가 봐도 농촌 선교와 관련해서 참고할 전문 자료는 거의 전무한 수준이었다. 선교 100년이 됐는데도, 농촌 선교에 대한 자료가 없다는 게 말이 안 되었다. 한국교회에 대한 불만이 굉장히 컸었다. 그러다 바로 생각을 고쳐먹었다. "자료가 없으면 어때, 내가 발로 다니면서 자료를 만들고 대안과 정책을 만들면 되지". 불과 몇 년이 지나지 않아, 농촌, 산촌, 어촌을 다니면서 나도 모르는 사이에 전문가가 되어 있었다. 여러 번 시행착오를 겪으면서, 이제 마을을 대충 둘러보면 어떻게 접근해야 할지 제법 알 수 있을 정도가 되었다.

그리고 농촌 선교를 위한 다양한 실험을 했다. 외부 사람을 보내기도 하고, 주말마다 노천 성경학교를 끈질기게 했다. 나는 예수를 늦게 믿었기에 어느 누구한테 기도 훈련을 받지 못했다. 그런데 현장에서 배웠다. 어느 누구한테 전도 훈련을 받지 못했는데, 현장에서 전도를 하고 있었다. 말씀 공부나 제자 훈련을 제대로 받은 적이 없는데, 내가 말씀 인도를 하고 있는 이상한 상황이 생겼다. 하나님이 나를 몰아붙여 농촌이라는 현장에서 나도 모르는 사이에 하신 일이었다. 중요한 것은 모든 삶, 선교, 진리의 근본 바탕은 우리가 살아가는 현장에서 답이 나와야 된다고 생각한다. 하나님께 부름 받은 사역에 생애를 파묻고 그들의 필요를 듣고 파악하고 고민하고 기도하면 그 현장 중심의 선교와 전략과 방향과 진리 해석력이 대부분 나올 수 있다고 믿는다.

그렇게 십 수 년을 지내다 보니 교회도 20여 군데 세우고, 농민 교육, 농촌 교역자를 돕는 일, 농촌 교회를 지원하는 일, 우리가 상상할 수 있는 농촌 선교와 관련된 대부분의 일을 다 했다. 서부 경남에서는 그 당시만 해도 좀 생소했던 유기 농업, 생명 운동을 우리 지역에서 처음 도입해서 교육하기도 했다. 유기 농업 지도자를 모셔서 교육을 하는데, 와서 들으라고 관에 연락을 했다. 처음에 공무원들이 웃었다. 그거 가지고 뭘 하겠냐는 것이었다. 뒤에 가서는 연락이 와서 자료를 구해 달라고 요청하기도 했다. 이런 과정에서 이런 농촌 구조적인 상황들, 문제들이 눈에 들어오기 시작했다.

왜 이런 이야기를 하냐면, 대안공동체라고 하는데, 사실은 공동체를 알아서, 대안을 알아서 공동체를 한 게 아니라는 것을 강조하기 위해서다. 가장 중요한 동기는 "서부 경남, 한국 농촌의 절박한 상황을 어떻게 해결해 볼까?", "가난한 사람에게 어떻게 복음을 전할까?" 하는 이 동기 때문에 후배들과 함께 살기 시작하면서 지금까지 오게 된 것이다.

Section 3 민들레공동체 이야기, 둘
새로운 선교 모델을 찾다

그동안 사역을 하면서 몇 가지 통합되는 것을 느꼈다. 처음에는 '선교공동체 민들레하우스'라는 이름으로 시작했다. 그러다가 공동체 삶의 비중이 점점 커가면서, 공동체와 씨름하게 되었다. 초창기 사역 중심의 공동체가 생활의 압력을 받기 시작하자 엄청나게 큰 정체성 혼란이라는 도전이 있었다. 늘 부족한 재정, 결혼한 가정에 대한 책임, 리더의 부담과 의사 결정 문제, 사역과 삶의 균형 등 모든 것은 생소하기만 했고, 넘어서기 쉽지 않은 과제였다. 그러나 이제 우리는 공동체 생활과 선교 사역이 갈등을 일으키는 구조가 아니라, 공동체가 선교를 지원하고 선교가 공동체 영성으로 진행되는 통합된 '공동체 선교'의 정체성을 가지게 되면서 선교와 공동체 통합의 기쁨을 누리고 있다.

많은 선교학자가 전 세계적으로 선교는 한계에 부닥쳐 있다고 한다. 특히 이슬람이나 중국과 같은 사회주의권에서 고전적인 의미의 전도나 교회 개척, 제자 훈련은 더 어려운 상황이 되었다. 과연 이 문제를 어떻게 해결할 지가 한국교회에 주어진 새로운 도전이다. 한국교회에 뜻있는 유수한 선교 대표자들과 논의한 결과, 앞으로 선교 방식은 '지역사회개발선교(Community Development Mission)' 방식이 되어야 한다는 결론에 이르렀다. 물론 지역사회개발이라는 학문은 제2차 세계대전 이후에 나온 세속적 동기에 기반을 둔 것이다. 그러나 서울여대 김선요 교수 같은 분은 이를 '가난한 자들을 위한 학문'이라고 묘사하기도 했다.

실제로 지역사회개발은 제국주의 국가가 이전의 식민지국을 무마하기 위한 수단으로 활용했지만, 그것이 제대로 시행된다면 정말로 가난한 사람을 위한 복음이 될 수 있다. 이것을 영적, 사회적으로 통합하고 실험을 거친 결과가 비로소 전 세계와 한국 선교 지도자들에게 반영되었다. 지금의 선교 방식처럼 기존의 패러다임으로 그냥 목회자 한 사람을 파송해서 사람을 모아 교회를 세우고, 예배 중심으로 움직이는 방식이어서는 안 된다. 그 지역 사회의 정치, 교육, 환경 등 모든 문제를 끌어안고 지역 사회와 함께 가는 교회, 그 지역을 섬기는 선교가 되어야 한다는 것에 인식을 같이하고 있다. 지역사회개발은 요즘 우리 식으로 말하면 전인선교사역(wholistic ministry)이다. 24시간 기도만해서는 못 산다. 영적인 것만 중요하게 생각해서 기도만 하면 된다고 했는데 그게 아니라 삶 전체를 섬겨야 한다.

이 부분과 관련해서 우리는 좋은 모델을 만들었다. 13년 전에 캄보디아 다케오(Takeo)란 지역에 우리 공동체 식구를 선교사로 파송했다. 이곳이 우리가 말하는 지역사회개발 방식으로 이루어진 곳이다. 캄보디아 농민들의 농지 소유 면적이 대략 2,200평이다. 우리나라 농민의 평균 농지 소유 면적이 4,000평이 조금 넘는 것에 비하면 우리보다 적은 편이다. 그 면적에서 나는 소출만 가지고는 생계를 유지하기가 어렵다.

10여 년 전에 캄보디아에 지역 조사를 했는데, 한 가정당 1개월에 24달러로 생활하고 있었다. 그때만 해도 세계적으로 하루에 1달러 미만으로 사는 것이 절대 빈곤이었다. 농촌 전체가 절대 빈곤 상황에 있는 것이다. 그러다가 메콩 강이 범람해서 홍수가 나면 오물과 범벅이 된 물을 마셔야 한다. 그래서 질병이 많고 사망자도 늘어난다. 식구 중에 누가 병이 들었다 하면 이는 패가망신의 징조로 여겼다. 논 팔고 집 팔고 결국 프놈펜(Phnom Penh)에 가서 비참한 삶을 살아야 했다. 빈곤의 악순환이 된다.

이런 것을 조사해서 이 지역을 위해 뭘 할까 하다가 'CHE(Community Health Evangelism)' 프로그램이라는 기초보건 프로그램을 적용해서 성공시켰다. 몸이 좋아지니까 농사 기술도 가르치고, 비즈 공예를 통해서 직업도 창출하고, 또 메콩 강 7.3km에 운하를 뚫어 약 800만 평의 땅에 물을 공급하는 엄청난 일을 했다. 2만 명이나 되는 주민에게 희망을 준 것이다. 우기 때만 한 번 농사짓던 땅에 물길을 끌어올 수 있게 되었다.

이런 일을 하면서 농민을 어떻게 섬기고, 필요가 뭔지를 보기 시작하면서 힘을 길렀다. 지금도 캄보디아 소농을 위해 가장 적합한 농사와 기술이 뭘까를 찾고 있다(양계, 양돈, 양돈 가공, 채농, 양어 등). 또 지금은 적정 기술 대안 센터를 2013년에 한국중소기업청의 협력을 받아 진행하고 있다. 올 봄에는 GGGI(Global Green Growth Institute)라는 국제기구를 통해 최초의 인도차이나 프로젝트로 쉐플러 조리기를 가지고 연료 없이 팜 슈거를 만들어 판매하는 일을 하고 있다.

그러면서 교회도 세운다. 교회도 목회자 혼자서 알아서 하는 예배당 중심 사역이 아니라, 자활·자립을 위해 유치원과 선교원을 운영하고, 농사 등 다양한 지역사회개발 방식으로 접근한다. 이 모든 일이 농촌을 복되게 하기 위한 선교적 실험이라고 볼 수 있다.

Section 4 민들레공동체 이야기, 셋
민들레학교의 생활과 사역

민들레학교의
시작, 목적, 목표

민들레공동체의 목적은 명확하고 간단하다. "어떻게 이들의 근본적인 빈곤 문제를 해결하고 사람답게 떳떳하게 살아가는 공동체를 만들 수 있을까?" 하는 것이다.

처음 이 일을 시작할 때 "이르시되 우리가 다른 가까운 마을들로 가자. 거기서도 전도하리니 내가 이를 위하여 왔노라"(막 1:38)는 예수님의 말씀을 붙들고 십수 년간 젊은 시절을 보내면서 이 마을 저 마을을 다니며 복음을 전했다. 이 일을 하나님의 부르신 일로 확신하면서 헌신한 것에 대한 큰 자부심과 감격이 있다.

내가 기독교 역사에 관한 논문을 쓰기 위해서 지역 조사를 다시 했다. 1906년 호주 선교부에 의해서 진주 지역에 복음이 들어온 이후 농촌 지역 복음 전도 상황에 대해 조사하면서 깜짝 놀랄 만한 사실을 발견했다. 우리가 복음을 위해 헌신했던 1980~1990년대 중반까지가 복음화가 가장 많이 확장되었고, 교회 수도 가장 많이 늘어났다. 하나님 보시기에 부족한 우리를 불러 한 지역에 주님의 복음 전도와 하나님나라 운동을 하게 하셨다는 것에 큰 감동을 받았다.[1] 그래서 오늘날의 젊은이들을 농촌 지역에 복음을 전하고 역사의 의미 있는 일꾼으로 만들기 위해 대안 학교인 민들레학교를 시작했다. 지금은 제법 그럴듯하게 갖춰졌지만, 처음에는 농사짓는 빈 들판에 학생 15명과 플래카드 한 장을 걸어놓고 시작했다.

어느 날 아이들과 풀을 베다가 잠깐 쉬면서 아이들끼리 하는 얘기를 들었다. 그리고 아이들의 이야기를 옆에서 듣고는 기절할 뻔했다. 지금 같으면 당연하다고 생각하는데 그때는 너무 순진했다. 그 아이들이 쓰는 용어와 인간 비하의 표현을 들으면서, 내 느낌에 이들은 사람이 아니라는 생각까지 들었다. 최근에 신문을 보면 초·중·고를 막론해서 95% 이상의 학생이 욕설을 쓴다고 한다. 많은 부모님이 "우리 애는 그럴 리가 없다"는 말을

---

[1] 요즘 젊은이들을 안타깝게 생각하는 것은, 이 사회가 젊은이들의 가능성과 열정을 너무 죽여 놨기 때문이다. 서른 살이 되어도 할 줄 아는 게 별로 없고, 일할 수 있는 기회조차 제대로 허용하지 않는 우리 사회를 보면 절망감이 많이 든다. 한국 사회와 교회가 젊은이클에게 가능하면 빨리 현장으로 보내시 거기서 자신의 모습과 소명을 발견하고 근력도 길러낼 수 있도록 해야 한다. 이들을 역사의 의미 있는 일꾼으로 만들어야 한다.

한다. 몰라서 그런 거다. 자녀를 가장 잘 모르는 사람이 학부모다. 이미 우리 사회가 그렇게 되어 버렸다.

대안 학교를 하면서 세상이 돌아가는 것을 보고 미래의 모습을 전망하면서 어느 때보다 고통스럽게 6~7년을 보내고 있다. 이것은 단순히 위기라고 쉽게 말하는데 그냥 넘어갈 상황이 아니다. 경제가 좋지 않고, 환경이 좀 잘못되는 것은 그래도 괜찮다. 그런데 이제는 인간성 자체가 왜곡되고 있다. 인간이라는 전통적 개념 자체가 파괴되는 현상이 자녀에게서 나타나고 있다는 게 나로서는 견딜 수가 없었다. 그래서 그 풀밭에서 짧은 시간 동안 이런 괴물 같은 아이들을 위해서 학교를 계속해야 할 것인지, 아니면 포기해야 할지 고민이 됐다. 그러다 "해보자!"는 쪽으로 결단했다. 그리고는 일 년 반 동안 부부가 아이들 교실 옆에서 같이 살면서 아이들을 지도했다.

지금도 교육 상황이 절망적이다. 우리나라 교육부에서 발표한 어떤 교육 정책에 대해서도 눈여겨보지 않는다. 왜냐하면 2~3년이 지나면 또 바뀔 것이기 때문이다. 교육 정책에 대해서 이런저런 논란이 있지만 대부분은 시간낭비다. 왜? 학부모와 아이들 그리고 사회가 교육을 하고, 대학을 보내는 근본 동기가 뭔가? 간단히 말해 좋은 대학을 보내 돈 많이 벌고, 권력을 잡고 출세하는 세속적 목적 외에는 없다. 나머지는 다 액세서리다. 아무리 신앙이 좋은 부모라 해도 아이들 교육 문제에 부딪히면 별수 없다.

학부모 가운데 자주 이런 얘기를 한다. "선생님, 그렇게 해서 아이들이 사회에 어떻게 적응을 합니까?"

그래서 내가 이렇게 말했다. "사회에 적응을 하다니요. 나는 사회에 적응 안 하는 아이를 만드는 중인데, 왜 사회에 적응하라고 합니까? 이 사회가 어떤 곳인가요? 패역하고 악하고 거짓말 안하면 안 되는 사회, 경쟁 안 하면 죽는 사회, 권모술수와 승자가 독식하는 사회, 무시무시한 폭력과 돈이 없으면 안 되는 이 사회에 적응하다니요. 당신이 믿는 신앙과 당신이 믿는 하나님이 어디 있습니까?"

나는 사회에 적응하는 아이를 만들기를 원치 않는다. 이 사회와 대결하면서 변화를 만들어내고, 사회에 생명의 새 물줄기를 만들어내는, 작은 집부터, 공동체 마을부터 의미 있게 변혁하는 인재를 길러내는 것을 원한다.

우리 사회에 많은 운동단체가 있고, 그 단체가 많은 일을 했지만 한계에 부딪혔다. 지금은 여러 운동보다는 뜻있는 사람이 함께 모여서 의미 있는 삶을 뿌리내릴 수 있는 지역 공동체 기반을 만들어야 할 때다. 한때 토지 운동에 관심을 가지고 정책에 대해서도 같이 고민했던 적이 있다. 그런데 그런 운동이 지금은 퇴행하고 있다. 왜냐하면 사회적 설득력이 없기 때문이다. 그분들을 만날 때마다 하는 이야기가 있다.

"여러 가지 법안을 만들고 캠페인을 하는 것도 좋다. 그러나 그런 운동이 의미가 있다는 것을 보여 주는 살아 있는 마을과 공동체를 왜 못하냐. 땅 많이 가진 크리스천이 얼마나 많은데, 왜 못하냐. 여기에서 땅을 의롭게 활용해서 누구나 복되게 살 수 있다는 농장, 삶의 자리를 왜 만들지 못하느냐!"

이것을 만들지 못하면 아무런 설득력도 없다. 운동과 삶이 조화를 이루지 못하고 있다. 실제적인 삶을 만들어내는 데 생애를 걸 수 있는 일꾼이 있어야 한다. 우리가 추구하는 교육의 목표가 여기에 있다.

크리스천들이 여전히 야망과 세속적 비전에 사로잡혀 있다. 민들레학교 이사이면서 거창고등학교에서 오랫동안 교장으로 지내셨고 지금 이사장이신 도재원 선생이 한때 하셨던 말씀 가운데 깊이 명심하는 말이 있다.

"성공이 뭐냐. 성공이란 정의와 자유와 평화와 사랑을 위해서 자기 생애를 바친 사람을 위해서 주어진 칭호다. 어릴 적부터 꿈꾸어오던 꿈을 이루었든지, 세상적으로 번듯한 꿈을 이루었든지, 어떤 야망을 이루었든지, 그건 성공이 아니다. 과연 그가 이 세상에 정의, 사랑의 세상을 만드는 데 기여했느냐, 그걸 보고 성공이라고 할 수 있다."

이 말을 아직도 깊이깊이 명심하고 있다.

민들레학교의
교육 내용

　　　　　　민들레중학교 입학 조건 중에 중요한 것이 하나 있다. "대학에 보내려고 합니까?"라고 물어서 "예"라고 대답하면 입학시키지 않는다. 왜? 좋은 대학교에 가려면 국어·영어·수학으로 아이들을 잡아야 한다. 그거 안 하려고 대안 학교를 하고 있는데, 어떻게 그럴 수 있나. 한참 공부가 뭔지, 교육이 뭔지에 대해서 생각해 봤다.

　공부의 목적 가운데 첫째는 자립적으로 살아가는 힘을 기르는 것이다. 직장이 있든 없든 자기 스스로 자신과 가족을 먹여 살릴 수 있는 힘을 기르는 것이다. 그렇지 않으면 남의 것을 빼앗거나 도둑질하거나 속이는 삶을 살 수밖에 없다. 노동하지 않으면서 번듯하게 먹고사는 사람은 자칫 잘못하면 책망 받을 이유가 많다. 그래서 나는 단언컨대 이 세상의 경제는 도둑과 사기의 경제라는 확신이 점점 굳어지고 있다. 아니나 다를까, 미국에서 가장 좋은 대학이라 일컫는 프린스턴대, 예일대 출신들 중에서 약 25% 정도가 졸업 후 금융, 재정 쪽으로 진출한다는 보도를 본 적이 있다. 금융, 재정 분야의 직장이 연봉을 많이 주기 때문이다. 창의성이 필요한 것도 아니고, 객관적으로 말하면 윤리 도덕적으로 문제를 일으킬 가능성이 훨씬 높은 영역이라고 이구동성으로 말하는데도 아랑곳하지 않고 그 곳에 들어간다.

하버드대 졸업생은 무려 40% 이상이 그런 직종에 들어간다. 공부 많이 해서 전부 그런 사람으로 만들어내고 있는 것이다. 우리 민들레학교는 민들레공동체의 존립 이유와 똑같다. 가난한 자에게 복음을 전하고 가난한 자의 친구가 되는 인재를 기르는 것이다.

아이들의 성장기에 좋은 것을 줘야 하지 않느냐고 한다. 즉, 아이들에게 좋은 책, 좋은 집, 좋은 경험, 좋은 옷, 좋은 여행 등. 좋은 것으로 다 줘서 성장기에 풍성하게 누리도록 해야 하지 않느냐는 것이다. 교육은 단언컨대 그렇게 해서는 안 된다. 교육은 아이들에게 결핍과 가난을 가르쳐야 한다. 교육의 근본 목적은 뭐가 소중하고, 뭐가 중요한지를 가르치는 것이다. 우리도 국어·영어·수학 과목을 가르치고 배운다. 그렇지만 공부하다가도 비가 오면 책을 덮어놓고 나락을 거두러 간다. 밥 먹는 것보다 중요한 공부가 어디에 있는가. 농사는 기본이다. 그래서 나는 세 종류의 사람을 얘기한다. 일머리 있는 사람, 공부머리 있는 사람, 일머리도 있고 공부머리도 있는 사람이다. 할 수 있으면 세 번째가 좋으나 그게 아니라면 공부머리보다는 일머리를 택하라고 한다. 공부머리 가지고는 먹고 못 산다. 자기 자신을 책임지지 못한다. 일머리가 있는 사람은 뭘 해도 먹고 산다. 자기를 책임진다.

최근에 있었던 일이다. 민들레학교에서는 고등학교 3학년이 되면 어떤 현장이든지 인턴 과정을 5개월 동안 보낸다. 한 학생이 핸드폰 커버를 만드는 회사에 관심이 있어서 들어갔다. 이 회사는 그동안 지속적으로 성장하면서 SKY 출신의 엘리트들을 직원으로 여럿 채용했다. 그런데 그 회사 사장이 기가 막힌 고백을 했다. "SKY 출신 직원들은 일을 시켜보니까 할 줄 아는 게 딱 하나가 있다. 사무실에 복사기 돌리는 것은 할 줄 아는데 나머지는 맡겨서 되는 게 하나도 없다"는 얘기였다. 문제 해결 능력이 없다는 것이다. 그런데 고등학교도 졸업하지 못한 인턴 직원인 우리 아이가 거래처 지점장들을 만나서 위로도 하고, 무슨 일이든 맡기면 턱턱 문제를 해결한다. 그래서 회사 사장이 그 학생에게 언제든 찾아오면 일자리를 주겠다는 약속을 했다고 한다.

이와 같은 상황이 우리 교육의 상황이 되었다. 극단적인 상황을 하나 더 얘기하자면, 얼마 전에 지방의 한 국립대 건축학과 졸업반 청년과 얘기를 나눈 적이 있다. 이야기를 한창 하다가 건축과를 나왔으니 집을 지을 수 있는지 물었다. 이 청년이 한참을 생각하더니 이렇게 말했다. "선생님, 건축과 나와서는 집을 못 짓습니다." 청년의 말을 들으니 기가 막혔다. 명색이 건축학과를 나왔으면 개집이라도 짓는다고 말해야 하는 게 아닌가 하는 생각이 들었다. 학교에서 고급 설계를 비롯한 여러 기술을 모두 배웠다. 그러나 그 기술은 시스템이 잘 갖춰져 있는 곳에서는 나름대로 작동할 뿐이다. 시스템이 조금만 무너지면 안 된다. 먹고 살 길이 막막하다.

대한민국에 농사 제일 못 짓는 사람이 농대생들이고, 장사 제일 못하는 사람들이 상대 출신이고, 영혼을 제일 못 구하는 사람들이 신학대 출신이다. 교육을 제일 못하는 사람이 누군지 아는가? 죄송하지만 교대, 사대 출신이다. 그래서 우리 학교에서는 교사를 채용할 때 아예 자격증을 보지 않는다. 심지어 대학을 졸업하지 않고 중퇴한 사람도 채용한다. 시간이 지나면서 오히려 그 사람이 아니면 학교 운영이 안 되고, 변화가 안 되는 것을 많이 보게 된다. 이렇게 현실에서부터 단련되고, 자신을 과감하게 던져서 문제를 해결하는 능력을 배울 수 있다.

가난한 사람을 이해해야 된다. 인류의 빈곤 문제에 대해서 고민하면서 나름대로 얻은 결론이 있다. 가난한 사람은 가난한 사람이 살리고 구제한다는 것이다. 빌 게이츠가 몇 억 원, 몇 조 원을 뿌리면 그 당시에 얼마간 해결은 되지만 그것으로 근원적인 문제가 해결되는 것은 아니다. 인류 역사에서 진정으로 가난한 사람을 살렸던 것은 가난한 사람이다. 그래서 예수님이 우리를 살리기 위해서 사람의 모습으로, 또 가난한 모습으로 내려왔다. 이게 구원의 원론적 바탕이다. 어떻게 복음을 전할까? 간단하다. 가진 돈을 다 털어내고 먼저 가난해져야 한다. 그게 1차적이다. 돈으로 하려고 해서는 안 된다. 진정한 부는 돈에서 나오지 않는다. 그것은 준비된 사람에게 조금의 마중물이 될 수는 있지만 근본 바탕은 가난에서 나온다.

실제로 필리핀에 있는 국제미작연구소(IRRI, International Rice Research institution)라는 곳에서 수많은 논문이 나온다. 거기서 나오는 논문의 85% 가량의 논문은 박사들이 책상에서 고민해서 나온 것이 아니라, 아시아 농민들이 이런저런 방식으로 실험한 결과를 통해서 나온 것이다. 현장에서 창의적으로 고민하고 고뇌한 결과물이다. 우리가 그런 사람들에게 귀 기울이는 삶으로 전환하지 않는다면 인류에게 희망은 없다.

학교에서 모내기 때마다 학생들에게 짧게 강연을 하는데 매년 똑같은 얘기를 한다.

> "오늘 우리가 모내기를 한다. 우리는 쌀과 밀을 자급자족한다. 얼마나 자랑스럽나. 우리가 농사지어서 먹고 산다. 감사하다. 그런데 너희들에게 바라는 것은 너희가 공부도 많이 해서 이것저것 하면 좋겠지만, 할 수 있으면 공부를 많이 해서 노동하고 농사하는 사람이 되었으면 좋겠다. 그래서 농민운동하고 노동운동하는 게 아니라 실제 가난한 농민과 노동자로서 그들에게 들어가라. 그래서 썩어라. 죽으라."

다들 농사 안 지으려고 하는데 미친 소리처럼 들릴 수 있다. 이들이 농사 현장, 노동 현장에 들어가서 배운 대로 살려고 하다 보면 문제가 개선되고 바닥에서부터 변혁이 일어날 수 있다고 생각한다. 대안 학교가 많지만 좋은 농사꾼을 기르는 곳은 드물다. 근본적인 가치를 복원해 내는 대안 운동이 되어야 한다. 그렇지 않으면 대안 운동은 바닥에서부터 흔들릴 수 있다.

그래서 고민하다 안 되니까 우리가 대안 대학을 만들자는 결론을 내렸다.

Section 5 민들레공동체 이야기, 넷
민들레대학과 민들레베이커리

현재 고등교육은 외적으로는 세계적인 경제 침체와 고용 기회의 경감, 특히 산업화 모델을 극복하지 못한 구조적인 교육의 후진성, 내적으로는 과도한 대입 위주의 교육과 이로 인한 경쟁주의, 학벌주의로 인한 비인간화 등의 문제가 있다. 그러므로 이제 교육을 받으면 받을수록 절망을 재생산하는 구조가 형성되었다.

새로운 진로 모색
민들레대학

민들레공동체가 준비하는 대안 대학은 이러한 고등교육의 한계에 대한 대안일 뿐만 아니라 민들레학교 졸업생들의 자연스러운 진로 모색의 결과로 볼 수 있다. 민들레대학의 기본 방향은 마을 대학을 만드는 것이다. 기본적으로 우리가 살아가는 마을을 활성화하고 지속가능한 공동체로 지켜 나가기 위한 기관이 되어야 한다. 경쟁하지 않지만 경쟁력 있는 마을, 어떤 환경의 변화(금융 위기, 환경 위기, 에너지 위기 등)에도 마을을 중심으로 살아 내는 지식과 지혜의 원천이고자 한다.

그리고 민들레대학은 자급자족의 대학이 되고자 한다. 더 이상 돈을 쫓고 돈에 쫓기는 대학이 아니라 돈의 힘을 최소화하는 대안적 삶을 실현하고, 다양한 삶의 역량을 인큐베이팅하고 실현하는 곳을 만들려고 한다. 기본적으로 농업 자급, 경제 자급, 에너지 자급, 교육 자급, 신앙 자급, 문화 자급을 형성하는 데 1차적인 힘을 쏟는다.

그리고 민들레대학은 삶의 대학이다. 교수는 급여를 받지 않고 학생 또한 등록금 없는 대학으로서, 학습 과정과 졸업 이후의 과정이 통합되도록 실습과 삶의 중심이 되는 대학이다. 따라서 교수와 학생은 오전에는 생계 노동, 오후에는 전공별 실습, 저녁 시간에는 세미나로 심화해 나가며 실현 가능한 삶을 키워 나갈 계획이다.

또한 민들레대학은 공동체 대학을 기본으로 한다. 매년 10명 이내의 작은 대학으로 상상력과 실천력이 통합되도록, 지식이 권력화 되는 것이 아니라 섬기는 지식이 되도록 공동체에서 실험하고 검정되기를 도전한다.

민들레대학은 미래의 대학이다. 미래는 경제 위기의 심화 및 통제 체계의 강화, 이로 인한 새로운 독재 체제의 가능성, 기후변화, 에너지 고갈 등으로 인한 생존 기반의 약화, 생태계 및 농업 시스템의 악화로 인한 삶의 질, 교육과 지식 기반 산업의 효율, 인간의 질적 저하의 한계로 세계적인 고통이 예상된다. 이럴 때 대안 대학은 우선적으로 인간적 삶의 한계에 답이 없는 가난한 사람과 함께 살아갈 수 있는 '공동체 사회'를 건설하는 개척자를 길러 내어야 한다.

민들레대학은 우선 비인가 대학으로 민들레공동체에서 운영되는 교사, 학생의 공동체적 교육의 장이 될 것이다. 학과를 나누는 방안도 있고, 나누지 않고 통합적으로 운영하는 방안도 있다. 기본적인 주제는 환경 농업, 적정 기술, 대안 교육, 지역사회 개발 선교 등으로, 그동안 우리의 삶과 경험이 구체화된 교육일 것이다.

학제는 3년 과정으로 하되 2년 과정은 공동체에서, 1년은 국내외에서 인턴십을 가질 수 있다. 2년간 방학은 없되 분기별 1주간 휴가를 갈 수 있고, 향후 아시아·아프리카 청년들이 공부할 수 있는 행정적 지원 체계를 모색하고 다문화적 교육 여건을 조성하려고 한다.

또한 대안 대학의 원활한 운영과 인재 양성을 위해 공동체 내에 다양한 공동체 기업을 활성화하는 일이 중요하다. 농업을 기본으로 한 농식품 가공 및 유통, 생태 관광 사업과 출판사, 대안 기술 센터 교육과 관련 제품 개발, 공방, 교육 비즈니스, 생태건축, 양계, 축산 및 축산 가공업, 천연세제 및 비누 사업, 목공소, 마을 만들기 프로젝트 등 농촌 중심의 다양한 공동체 기업을 창설하고자 한다.

민들레대학을 통해 국내적으로 농촌과 어촌, 섬과 오지 마을을 활성화하는 일꾼을 길러내고, 아시아·아프리카의 빈곤 극복을 위한 자립적 대안을 제시하고자 한다. 이 모든 일에는 세상을 향한 예수 그리스도의 넓고 너그러운 마음이 실현되도록 자신을 바칠 일꾼을 세우고자 한다.

그동안 열심히 '공부'시켜서 대학에 보냈는데 그 결과 고향이 버려졌고 마을, 시골, 산골이 전부 황폐화되었다. 이것은 교육의 엄청난 폐해다. 근대화 교육이 갖는 비극적 범죄다. 교육의 원래 목적과 다르다. 이제 우리가 죽어 가는 마을을 살리고, 공동체를 복원하고 살리는 것을 바닥에서부터 해야 한다. 이 준비를 지금 하고 있다. 안타까운 게 이런 좋은 뜻을 가진 교회가 대안적 삶을 위한 현장에 투신하면 좋겠는데, 우리가 애를 써서 겨우 이렇게 해내는데 왜 못할까, 이런 고민이 많다.

대안 기술과 관련해서 민간에서 처음으로 법인을 만들었다. 여기서 소개된 우리의 기술이 우리나라 대부분 환경단체들에서 활용하고 있고, 아시아나 아프리카에서도 지원 요청을 많이 한다. 에너지의 전환이 이루어지지 않으면 새로운 문명은 오지 않는다. 새로운 문명은 에너지 전환에서 온다. 구체적으로 변화되려면 에너지 전환이 이루어져야 한다. 그러려면 생명 환경적 연구와 실천 연대가 굉장히 중요하다.

민들레베이커리로 시작한 마을 기업

산청군에서 마을 기업 제1호점으로 민들레베이커리를 지정했다. 제빵 기술을 우리나라 최고 제빵 기술자에게 배웠다. 그런데 배우고 나서 크게 실망을 했다. 300g짜리 파운드케이크 하나를 만드는 데 들어가는 식용유 양이 무려 90g 이상이었다. 이것을 알고 나서는 기존의 빵 만드는 기술은 완전히 배제했다. 그리고 새로운 방식으로 빵 만드는 기술을 연구했다. 우리 밀을 사용하고 유기농 설탕과 다양한 천연 재료를 사용해서 빵을 만들었다. 우리나라에서 우리 빵만큼 정직하고 탁월한 재료로 만들어 내는 곳이 없다고 자부할 수 있을 정도다. 이런게 소문이 나면서 지역에서 마을 기업이 활성화되고 있다.

농사를 짓는다. 못 지어도 끈질기게 짓는다. 평균 연령 20살도 안 되는 사람들에 의해 농사가 유지된다. 젊은이들이 농사를 지으면 좋겠다. 농사야말로 평화와 정의의 첫걸음이다. 평화(平和)란 고루 평평할 평(平)자와 화(和)자인데, 화(和)자는 벼 화(禾), 입 구(口)자로 이루어졌다. 벼를 입에 골고루 나눠 먹을 때가 평화다. 주기도문에서 "오늘날 우리에게 일용할 양식을 달라"고 간구한다. 그런데 많은 이가 오늘 먹을 것만 아니라 일 년 아니 10년을 걱정하지 않아도 될 만큼 많은 양식을 쌓아둔 사람들이 있다. 그런데도 일용할 양식을 달라고 한다. 이 말의 의미는 무엇인가? 내가 먹고살만 하면 나머지 다 나누라는 것이다. 71억 인구 중에 20억 정도가 하루 2달러 미만으로 살고 있다. 많은 사람이 '내게 조금만 더 여유가 있으면 나눌 것'이라고 얘기한다. 천만의 말씀이다. 그런 생각으로는 나누지 못한다. 내가 먹을 것만 남기고 나눈다는 생각을 해야 한다.

민들레 공동체에서는 출판, 목공부, 공방도 운영한다. 농촌의 활성화, 빈곤 문제와 직결되는 도구로 사용되기를 바라는 것이 운영의 목적이다.

Section 8 민들레공동체 이야기, 일곱

이야기를 마치며

성경은 중요한 것을 강조한다. 거룩, 기도, 사랑, 이런 말은 중요하기 때문에 창세기에서 요한계시록까지 나온다. 그러나 "하나님 믿고 부자 되라"는 말은 없다. 구약에서 조금 나온다. 착각하면 안 된다. 구약과 신약을 통틀어 일반 서민의 경제생활을 살펴보니 솔로몬 때도 사람들의 로망은 그저 포도나무, 무화과나무 그늘 아래서 평안히 지낼 수 있는 것 정도였다.(왕상 4:25 참조) 행복하기를 바라는가? 마당에 느티나무 한 그루만 심으면 된다. 구약 성경에도 "나를 가난하게도 마옵시고 부하게도 마옵시고 오직 필요한 양식으로 나를 먹이시옵소서. 혹 내가 배불러서 하나님을 모른다 여호와가 누구냐 할까 하오며 혹 내가 가난하여 도둑질하고 내 하나님의 이름을 욕되게 할까 두려워함이니이다"(잠 30:8~9)라고 했다.

삼시 세 때 잘 먹는 게 가난한 게 아니라는 것이다. 구약으로 보면 그렇다. 신약에도 "하나님나라와 의를 구하라 그리하면 이 모든 것을 더하시리라."(마 6:33) 이 모든 것을 더해 주겠다는 말을 부자가 되고 출세하게 해 주겠다는 의미로 받아들이는데, 이는 착각이다. 그 문맥에 의하면 그저 안 굶어 죽을 만큼만 주겠다는 것이다. 성경은 인생을 참 당혹스럽게 만든다. 경상도 사투리로 '단디' 생각하고 믿으라는 것이다. 그래서 나는 어쩌면 이상할 수도 있지만 점점 더 단호하게 가난한 자들이 이 세상을 구원할 거라는 신념이 굳어진다. 스스로 가난해지려는 사람들의 무리가 신앙적 고백을 하고, 자각한 신인류가 종교계 안팎에서 나올 거라 믿는다. 놀랍게도 종교계 밖에서 이런 사람들이 더 뚜렷하게 나온다. 이것은 인류의 필연적 요청이다. 그렇지 않으면 망하니까.

도시 문제, 삶에 대해 고민했다. 인류 절반이 도시로 넘어갔다. 이 사정을 봐줘야 하지 않나? 근데 그럴 수 없다고 생각한다. 강의할 때마다 미친 얘기를 한다. 자녀들을 대학에 안 보내야 소망이 있다는 얘기와, 또 하나는 한시바삐 도시를 탈출해서 농촌으로 가서 살라는 것이다. 도시에서 한시라도 빨리 탈출해야 되는 이유가 있다. 서울시 인구 1,000만 명이 먹고살 양식이 어디에서 나오는가. 서울 바닥에서 나오지 않는다. 산촌, 어촌에서 값싸게 가져와야 한다. 그래도 안 되니까 외국에서 가져온다. 도시는 커 가면 커 갈수록 전 세계적으로 에너지를 고갈시키고, 농촌, 산촌, 어촌을 죽이는 시스템으로 갈 수밖에 없다. 도시 자체가 그렇게 만든다. 빨리 도시를 줄이는 운동을 해야 된다. 신앙 고백적 차원에서 농촌으로 가야 한다. 예수를 따르는 고백으로 농촌으로 가자.

두 번째로 도시와 농촌의 근본적인 차이는 도시는 무엇을 기르고 생명을 양육하는 곳이 아니다. 실제로 도시의 영성은 소비와 죽임의 문명이다. 삶 자체가 그렇다. 농촌은 그 삶 자체가 기르고 살리고 양육하지 않으면 안 되는 시스템이다. 성경의 힘은 생명과 평화다. 우선 도시도 살려야 되지 않는가라고 항변하는데, 하나님도 못 하는 일을 때론 우리가 하려고 한다. 아브라함도 도시에서 나오라고 했다. 순교자적 죽을 각오가 되어 있는 사람만 도시에 살아야 한다. 근본적으로 가난하게 살려고 작정하지 않으면 도시를 떠날 수가 없다. 제자들, 진실한 사람들은 가난한 사람이었다. 선택해야 한다. 조금 가난하게 살겠다고 하면, 뭉쳐서 더불어 살겠다고 하면 행복한 방법이 많다. 돈이 줄 수 없는 기쁨이 있다.

　학교 앞에 솔숲이 있다. 송화 가루가 물결치며 흘러가는데, 그 아름다운 모습을 잊을 수가 없다. 행복은 돈을 주고 사서 소유하는 게 아니라 사랑과 교제와 만남을 통해 일어난다. 도시에서 불가능하다는 게 아니라 농촌이 좀 더 유리하다는 것이다. 고백적 차원에서 귀농·귀촌을 했으면 좋겠다는 생각이 많다. 대안사회를 위해 얘기를 했지만 솔직히 잘 모른다. 하다 보니 여기까지 왔다. 이게 섭리적 인도라고 생각한다.

참고 : 민들레공동체를 소개합니다

2014년 4월 현재 민들레공동체는 다섯 가정과 미혼남녀, 그리고 이제 갓 태어난 아기부터 구순 노인까지, 30명의 식구들과 70명의 학생을 포함한 100여 명이 더불어 살고 있다. 정회원회, 가족 회의, 사역자 회의 등의 모임을 통해 공동체의 기본 의사 결정을 하고 있으며, 각 사역들은 독립적인 운영 방침을 가지고 있되 피차 협력하면서 운영하고 있다. 공동체 가족은 기본적으로 함께 일하고 함께 식사하고 함께 예배하는 3가지 삶의 공유를 준수해야 한다.

민들레학교(2007. 3. 3. 설립)
중학교, 고등학교 과정의 기숙 대안 학교다. 현재 70명의 학생들과 10명의 전임 교사로 이루어져 있으며, 오전에는 지식 교육, 오후에는 노작과 예체능 등의 생활교과로 수업을 진행한다. 민들레학교는 '가난한 자들의 친구'가 되는 것이 교육의 목적이다. 매년 열흘간의 국토 순례 행군, 해외 이동 학습(중학교 4개월, 고등학교 3개월), 에너지 자립 주간, R.P(Research Project) 수업 및 졸업논문 쓰기 등 자립과 협동을 살려내는 공동체 교육을 2006년부터 하고 있다.

(사) 대안기술센터(2006. 5. 5. 설립)
대안 기술 영역에서 우리나라 최초의 법인을 등록했다. 그동안 지방자치단체, 환경운동단체, 학교, 일반시민을 대상으로 실제적인 기술 전수 교육을 실시해 왔으며, 풍력 발전기, 태양광 에너지, 바이오 디젤, 바이오 가스, 생태 주택 등 다양한 에너지 생태 관련 대안 기술을 보급해 왔고, 아시아, 아프리카의 지역사회개발 프로젝트에도 참여하고 있다.

민들레아트센터(2001. 6. 6. 설립)
천연 염색 천을 주로 하여 다양한 생활 소품(가방, 옷, 커튼, 지갑, 액세서리 등)을 수공예로 만들어 내고 있고, 목판화나 기타 소재를 이용한 미술, 예술 작품을 생산하고 있다. 특히 농촌 예술 부흥과 아시아, 아프리카 지역의 예술과 공예에 관심을 갖고 선교적인 접근을 하고 있다. 향후 수공예가 갖는 선교지에서의 고용 창출 효과도 클 것으로 기대한다.

민들레베이커리(2001. 8. 9. 설립)

2010년 산청군 최초의 마을 기업으로 선정된 기업으로 '행복한 빵 나누는 삶'이라는 철학으로 공동체 일자리 창출, 농가 수익 증대 및 환경 친화적 빵 보급을 통한 국민 건강 증진 등의 목적으로 운영하고 있다. 우리나라 최고의 재료로 만든 빵이라는 자부심에, 지역에서 생산된 유기농 쌀과 밀 그리고 자체 생산한 계란을 사용하고 있고, 산청 관내에서 생산된 약초(민들레, 둥글레, 도라지, 두충 등)를 첨가한 약초빵으로도 알려지고 있다. 공동체 기업으로서의 모델이 되는 사업체로 육성 중이다.

민들레농장

자급자족을 중심으로 하되 유기농, 퍼머컬처(Permaculture), 로컬푸드(Local Food)의 개념으로 관행 농사의 한계를 극복하고 땅과 사람을 살리고 삶의 기초로서의 농업 철학을 확산하려 한다. 2014년 올해 쌀농사 4,500평(밀농사는 2,000평), 밭농사 2,000평, 양계 1,500수 그리고 돼지, 염소, 한우 등을 사육하고 있다. 모든 농사는 농사팀에 의해 수행되지만, 모내기, 추수, 풀매기 등 크고 작은 농사일은 대부분 공동체 식구, 학생들과 함께 하고 있다. 민들레농장은 생산, 가공, 유통을 통한 소득원이 될 뿐만 아니라 교육 시설로서의 기능도 함께 한다. 퇴비장, 지렁이 농장, 토착 미생물 활용, EM균 활용, 각종 효소 제조 등으로 지속 가능한 농촌 만들기를 실험하고 있다.

도서출판 홀씨

민들레공동체의 삶과 사역을 담아내며 다양한 주제로 책을 펴낼 계획이다. 공동체, 교육, 생태, 대안 기술, 선교, 농사 및 지역 사회 개발, 예술 등이 우리의 관심 주제다.

민들레목공부

올해 시작되어 공동체 자체 일상용품을 생산하는 것을 기본으로 하되, 민들레학교 학생들의 목공 실습 및 일반인들의 목공 교육, 제품 생산까지 계획하고 있다.

민들레교회

(사) 한국독립교회, 선교단체연합회의 회원 교회로 등록했고(2010. 6. 16.), 매주일 공동체 생활 가족뿐만 아니라 인근 마을과 진주에서 오는 친구들도 예배와 친교로 모이고 있다. 농촌 교회로서의 사명과 역할을 연구하고 실험하고 있으며, 이 결과를 우리나라와 아시아 지역 농촌 교회에 농촌 선교의 대안으로 나누려고 한다.

이러한 공동체 내의 각 기관들은 공동체가 지향하는 자립과 협력의 원칙에 따라 성장해 나가도록 하되, 우선적으로 식량 자급, 에너지 자급, 교육 자급, 경제 자급, 신앙 자급의 토대를 기반으로 마을의 지속 가능성을 키워 나갈 예정이다.

새 시대와 새로운 사회를 위한 기독교 영성

권영석
학원복음화협의회 대표

Section 1 시작하는 이야기
종교와 영성에 대한 이해

'영성'이라 하면, 특별하게 열심인 일부 사람들이 세상을 초탈하여 뭔가 고상한 가치와 정신을 추구하려는 것으로 이해하기 쉽다. 그러나 영성이란 이런 일탈적인 개념으로 축소되어서는 결코 안 된다. '영성이란 우리 자신의 정체성에 대한 자인식에서 우러나오는 일관된 어떤 특질을 일컫는 말'로서, '영적인 피조물로서 우리의 존재 자체를 구별 짓고 규정해 주는 그 무엇'이라 하겠다. 이런 의미에서 '영성' 하면 종교가 얼른 떠오르는 것은 우연이 아니리라. 종교(宗敎)란, 종(宗)이 시사하듯이, 종마루나 그물코와 같이 인생 전체의 존립과 성패를 좌우하는 근본적인 신념이나 관점 내지, 모든 사유의 출발점이 되는 세계관을 일컫는다. 매한가지로 영성 역시 그저 '있으면 좋고 없어도 그만'인 기호의 문제가 아니며, 의식하든 못 하든, 우리는 그 누구도 이 영성의 문제를 피해 갈 수 없다. 따라서 영성과 종교가 함께 붙어 다니는 것은 지극히 자연스럽다.

Section 2 종교의 세속화 ①
종교를 버린 개념 없는 인생들

현대인은 종교도 하나의 장식품이나 소비할 품목으로 여긴다. 하지만 그것이 바로 현대인의 불행에 대한 씨앗인 셈이며, 종교의 가치를 과소평가하거나 인문학의 가치를 폄하하게 된 것이야말로 엄청난 파괴력을 초래한 저주인 셈이다. 다시 말하면 종교와 영성을 아랫것, 곧 하찮은 것으로 끌어내렸지만, 정작 현대인이 윗자리에 모시고 있는 것을 보면, 결코 윗자리를 차지해서는 안 될, 그야말로 지극히 사소하고 하찮은 것들이기 때문이다. 예컨대, 돈, 소유, 쾌락, 자리, 지위 같은 것들일 텐데, 그것들은 사실 그 자체로서는 목적이 될 수도 없거니와 되어서도 안 되는, 기껏해야 수단적인 가치를 지니는 것에 불과하다. 말하자면 현대인은 종교를 없애 버린 것으로 착각하지만, 실상은 볼썽사나운 하급 종교를 떠받들고 있는 셈이다.

예수께서 말씀하신 대로 하자면, 현대인은 하나님 대신 맘몬(Mammon)을 종교로 선택한 셈이며, 에리히 프롬(Erich Fromm)의 말로 하면, "현대인은, 존재는 뒷전이고 소유에만 온통 정신을 뺏기고 산다." 그러나 생각해 보면 정말 기가 막힌다. 목숨이 경각에 걸려 있는 어떤 사람이 맛집을 찾아다닌다고 한다면, 그리고 몸은 중환자실에 있으면서 환자복 패션에 온통 신경을 쓰고 있다면 얼마나 가관이겠는가(마태복음 6장 24절 이하를 참조하라).

더욱 심각한 문제는, 이 세대는 이처럼 지극히 상식적인 문제 의식조차 없을 정도로 혼미해져 있다는 사실이다. 예컨대, 참 배움은 뒷전이고 그저 시험 점수에만 연연하여 답지를 열심히 외우고 있다면 얼마나 생뚱맞겠는가. 또 어떤 직책이 뭘 해야 하는 자리인지도 모르면서 그저 지위만 탐낸다면 얼마나 볼썽사납겠는가. 이는 다 본말이 전도된 것이어늘, 아무도 이런 문제들에 대해 이의를 제기하지 않고 그것이 본래부터 그런 것이려니 하고 살아가고 있지 않은가. 소크라테스Socrates가 '모르고 나쁜 짓을 하는 것보다 알고 나쁜 짓을 하는 것이 그래도 소망이 있는 것'으로 본 까닭이 여기에 있다 할 터인데, 이런 점에서 영성과 관련하여 현대인의 1차적인 과제는, 우리가 붙들고 있는 영성이 얼마나 왜곡되고 뒤틀린, 저급한 영성인지 직시하도록 도전하고 질책하는 것이 되어야 할 것이다.

한마디로, 하나님을 떠나면서 인간은 존재를 상실한 인생, 곧 '상실한 인간'이 되고 말았다. 뭔가 많이 쌓아 놓은 것 같은데, 그것으로 존재를 대신할 수 없다는 사실(현실)을 뒤늦게 깨닫지만 그때는 돌이키기에는 이미 너무 늦은 시점이 아니더냐. 마치 소유가 존재를 대신할 수 있을 것처럼 너도나도 생존경쟁을 벌이고 있다. 그러므로 실상은 함께 나눠 먹고도 남을 넉넉한 양식을 두고도 소수의 승자들이 독식하는 바람에 대다수는 빈핍하고 찌질한 인생, 낙오한 인생으로 살아갈 수밖에 없는 냉혹한 정글에 갇혔다. 그래서 다람쥐 쳇바퀴 돌리듯이 무한 경쟁을 벌여야 하는 숙명의 나락으로 떨어지고 만 것이 아니던가.

인간은 위의 것, 곧 고상한 가치와 숭고한 아름다움을 추구해야 하는 존재인데, 그런 것들을 다 하찮은 것으로 돌리고, 그저 단말마(斷末魔)적인 쾌락과 감각적인 욕구를 좇아 저급한 가치를 숭상하고 추구한 결과, 도리어 인간 이하로 전락하고 만 것이다. 또한 하나님을 가치에서 제외하면서부터 인간은 동류 인간조차 가치에서 자연스럽게 제외하게 되었다. 이웃도, 주변의 세상도, 나를 위한 수단적인 가치 이외에 더 이상 의미 부여를 하지 않게 되면서, 우리는 서로 사랑하고 위하는 대신 서로를 이용하고 함부로 착취하는 대상으로 여기게 된 것이다.

이런 왜곡된 관점을 바로잡지 않은 채 영성을 논할 수는 없다. 아니 그런 왜곡된 관점을 바로잡는 것이 곧 영성의 문제다. 영성이란 신령하신 분, 곧 하나님을 궁극의 가치이자 모든 존재의 근원으로 다시 모셔 들이는 문제다. 아버지의 유산을 챙겨서 집을 떠났던 둘째 아들이 궁핍해질 대로 궁핍해진 상태, 그것이 곧 상실의 시대를 사는 우리 인생들의 현주소이며, 그 아들이 다시 아버지 집으로 귀환하는 것, 그것이 곧 일그러진 우리의 영성을 회복하는 지름길임을 보여 준 것이라 하겠다.

Section 3 종교의 세속화 ②
이원론에 빠진 무기력한 기독교

이처럼 영성이란 궁극적인 가치, 곧 종교의 문제요, 궁극적인 존재이신 '신(하나님)'과의 관계 문제다. 따라서 영성이라고 하면, 자기 성찰을 위한 고요한 시간이나 수도원이나 암자와 같은, 특별한 공간을 떠올리게 되는 것은 당연하다. 그러나 영성이 마치 일상을 일탈하여 평상시와는 다른, 어떤 특별한 '행사'를 하는(혹은 하지 않는) 것으로 곡해되어서는 결코 안 된다. 기도하고 명상하고 성경 읽고 찬양하며 특별한 체험을 경험하는 모든 활동이 영성을 위한 수단적 가치가 있다고 해서, 그런 활동(프로그램)에 참여하는 것이 곧 영성과 동일시되거나, 나아가서 어떤 특정한 활동에 참여하면 영성이 자동으로 배양될 것으로 이해되어서는 결코 안 된다.

사실은 정반대다. '예배'라고 하는 행위는 일종의 상징적인 행동으로서, 은유(metaphor)적인 성격의 활동이다. 모든 예식적인 활동과 행사가 다 그렇듯이, 이는 그 행위 자체가 중요한 것이라기보다는 그 행위가 의미(상징)하는 무엇 때문에 가치가 있는 것이다. 대표적으로 성찬식, 결혼식, 학위 수여식 등은 다 일종의 예식으로서 그 식순에 따른 행위 자체가 아니라, 그 의식이 은유하는 내용이 의미 있는 것이기에 예식 또한 의미가 있는 것이다.[1] 만일 이런 예식을 통해 담아내고자 하는 내용이 전제되지 않는다면, 이보다 더 무의미하고 낭비적인 것이 없을 것이며, 도리어 해악을 초래할 수도 있다. 즉 성찬식은 예수의 죽음을 통한 언약 관계가 있어야, 결혼식은 일생을 해로하겠다는 부부간의 관계가 전제되어야, 졸업식은 학위가 상징하는 전공 지식의 습득 과정이 있을 때라야 의미를 지니는 예식이 되지 않겠는가.[2] 만일 이런 예식이 그 의식이 상징하는 실체(알맹이)는 없고 그저 의식의 틀(껍데기)만 가지고 마치 의미를 대체하거나 생성해 낼 수 있을 것처럼 한다면, 이는 마치 꼬리로 몸통을 흔드는 우를 범하는 것이 되고 만다.

예컨대, 예배의 중요성을 강조하려다 그리되었겠지만, 마치 다른 것은 다 적당히 하더라도 예배를 잘 드리는 것이 나머지 것을 다 상쇄할 정도로 대단한 의미를 지니는 것처럼 강조하는 경향이 있는데, 사실은 정반대다. 예배가 그토록 의미 있는 것은, 모든 우리 삶의 영역이, 나아가서 우리의 존재 자체가 하나님의 임재 앞에 있으며, 하나님의 존재와 더불어 연합하는 것을 전제로 하기 때문에 그런 것이며, 또 이후로 더욱 그리하겠다는 전

---

[1] 그렇기에 일반적인 행위(활동)와 구분하여 의례, 곧 제의적인 예식이라 이름하는 것이다.
[2] 따라서 모든 예식은, 그 의식이 지니는 고유의 본래적인 의미를 확연히 드러내는 순간(Ritual Moment)을 포함하도록 고안·기획할 필요가 있다.

인격적인 각오와 결단이 수반되기 때문에 그런 것이다. 바로 이런 연유로 하나님께서는 값비싸고 그럴듯한 예물을 들고 나오는 이스라엘의 손에 온갖 더러운 범죄와 형제의 억울함이 덕지덕지 묻어 있는 제사를 도저히 받으실 수 없었던 것이며, 결국 그들을 심판하시기 위해 그들을 이방인의 손에 넘기셨던 것이다.

이렇게 볼 때, 예배를 드리고 소위 영성적인 활동에 참여하는 것이 귀하고 소중한 일이지만, 그것이 그토록 중요한 까닭은 예배자의 일상 속의 언행 심사가 다 담겨 있기에, 그리고 이후로도 다 담아낼 것이기에 그런 것이다. 따라서 예배를 드려야 하고, 또 할 수 있는 대로 열심히 드려야 하지만, 그저 예배만 드려서는 안 되며 어떤 예배를 드리느냐 하는 것이 전제되어야 한다. 예배자의 인격과 제반 삶의 일상과 유리된 예배는 의미가 없다. 그리되면 그것은, 적어도 하나님의 눈에는, 예배가 아니다. 도리어 가식적이고 역겨운 연기에 불과할 수 있다.

이는 마치, 자연을 대상으로 하는 자연과학의 영역을 통해 유의미한 '조작적 정의' 개념을 가지고 이해해 보면 더욱 분명해진다. 예컨대 '무게'를 생각해 보자. 무게는 저울로 달기 전까지는 잘 가시화되지 않는다. 무게는 어떤 한 물체가 지니는 특성 중의 하나일 뿐이기에 우리는 그 물체를 대할 때 늘상 무게만 생각하지는 않는다. 그러나 일단 저울 위에 올려놓으면 무게가 단번에 드러나며, 그 정도를 측정할 수 있게 된다. 그러면 여기서 무게란 무엇인가? 무게가 그 물체 속에 존재하는 어떤 실체라고 할 수 있을까? 무게라고 하는 원소가 그 안에 들어있는 것일까?

아니다. 사실은 그 반대다. 그 물체의 속성을 파악하기 위해 우리가 생각하는 특성의 범주를 그 물체에 적용한 것이다. 매한가지로 부피, 밀도, 온도, 가연성 등은 모두 그 물체 안에 존재하는 어떤 실체적인 인자가 아니라 인식자인 우리 안에 존재하는 범주에 불과하다. 다시 말해 그 물체를 정의하기 위해서 이런저런 조작을 통해 드러나게 된 특징 중의 하나가 곧 무게인 셈이다.

이런 개념을 사회과학의 영역에 적용해 보면 그 특질이 더욱 명확해진다. 예컨대 부부간에 애정이 있는지, 또 그 애정의 정도가 어떤지를 어떻게 알 수 있을까? 두 사람이 함께 식사하는 횟수, 대화 시간의 길이, 전화 통화 횟수, 성생활 횟수, 그리고 결혼기념일이나 생일과 같은 절기를 지키는지 등의 여부를 척도로 하여 가늠해 볼 수 있을 것이다. 그러나 애정이란 여전히 이런 활동 저변에 있는 어떤 '통합적' 실체를 일컫는 것이지, 그런 활동들로 환원되거나 동일시될 수 있는 그 무엇이 아니다.

이런 이유로 이런 조작적 정의에 사용된 활동이나 도구들이 처방전으로 둔갑해서는 더더욱 안 된다. 예컨대 부부간에 전화를 자주 한다든가, 또 통화 시간을 늘린다든가, 하루에도 서너 번씩 같이 식사한다든가, 심지어 성생활 횟수를 인위적으로 늘린다고 해서 저절로 애정이 배양될 수 있다고 생각하면 오산이다. 다시 말하면 이미 배양되어 있는 애정의 정도를 재어 보기 위해 조작적으로 이런저런 기준을 적용해 본 것인데, 그런 것이 마치 애정의 내용물인[3] 것처럼 환원된다면 이는 '조작'을 '실재'로 둔갑시키는 오류를 범하게 된다.

영성이란 것도 이런 측면이 있다고 본다. 기도 시간을 늘리고, 예배 횟수를 늘리면 영성이 배양되리라고 생각하는 생각의 저변에는, 과학적 사고를 지나치게 숭상하는 현대인에게, 역설적이게도 뿌리 깊이 자리 잡고 있는 비과학적인 행태가 아닐까?

따라서 예배에 자주 참여하고 기도 시간을 늘리는 것이 문제가 아니라, 어떤 생각과 어떤 태도로 예배를 드리며 기도하는가가 중요하다. 예배와 기도 자체가 아니라, 그 '상징적' 활동(행동) 이면에 있는 언행 심사와 태도에 따라, 예배나 기도의 행동이 때로는 신령한 것이 되기도 하지만, 때로는 도리어 비영적인 것이 되는 경우가 있을 수 있다.

다시 말해, 영성이라고 하면 우리는 영성과 직결되는 특정한 활동이나 프로그램과 관련지어 이해하는 경향이 있다. 나아가 그런 특별한 조작을 통해 마치 영성이 조건반사적으로 배양될 것처럼 생각하기 쉬우나, 실상 영성은 우리의 모든 언행 심사를 규정하는 가치와 방향의 문제이고 그 방향에 따라, 심지어 전

---

[3] 대표적인 오류로 지적되는 예가 바로 '성적'이라는 것이다. 점수가 모든 것을 말해 주는 것이 아니라, 점수란 실력을 재기 위해 만들어 놓은 척도인데, 그리 만들어 놓고서는 이제는 그 척도가 마치 실력인 것처럼, 마치 성적만 잘 받으면 실제로 실력이 좋아질 것처럼 열을 올리는 것이야말로 '조작적' 정의가 마치 실체를 만들어 낼 수 있는 것인 양 착각하는 대표적인 어리석음이 아닐까 싶다(참조 : '김용택의 참교육 이야기 : 개념의 조작적 정의에 대한 오해와 편견'(http://chamstory.tistory.com)).

형적인 영적 활동으로 간주되는 영역에서조차도, 영적으로 되기도 하고, 반대로 비영적으로 되기도 한다는 것을 알아야 한다.[4]

하나님나라의
가치와 방향

그렇다면 무엇이 기독교적 영성인가? 예수께서 가져오신 하나님나라는 무엇보다 가치와 방향에 대한 문제다. 즉 무엇을 가치 있다, 의미 있다, 보람 있다, 또 행복하다고 할 수 있을 것인지, '그 기준이 무엇이냐?' 하는 문제다. 그러므로, 천국 백성이라고 하는 사람들이 가치와 방향에 있어서 세상 사람들과 별 차이가 없거나, 천국 백성이 도리어 도덕적으로나 윤리적으로 더욱 흠결이 많아 보이는 오늘 우리 교회의 모습은 하나님나라가 과연 무엇인지, 그것이 어째서 복된 소식인지 헛갈리게 만들고 말았다.

그렇게도 열심히 교회에 출석하고, 새벽부터 저녁까지 심지어 밤을 새워 기도한다고 하는데, 도대체 그것이 무엇을 위한 것

---

[4] 예컨대 문맥(상황)과 유리된 주관적이고 아전인수적인 성경 묵상, 기복적인 간구에 초점을 맞춘 기도, 무대 중심의 이벤트 일변도로 진행되는 예배, 제왕적 목회자 리더십, 교회론에 반하는 교회성장론 등은 그 자체로 소위 영적인 활동(구조, 영역)이지만, 사실은 비영적인 행태(가치, 방향)에 불과하다.

인지, 하늘의 것을 추구한다고 하면서 어떻게 그렇게도 이 땅의 것에 집착할 수 있는 것인지, 차라리 열심이라도 없다면 별 문제가 아닐 텐데…. 그토록 열심을 다하면서 이 세상 사람들보다도 별로 아름답지도, 고상하지도 못한 가치와 목표를 그대로 유지하고 있는 이상 세상 사람들이 의심의 눈길로 기독교를 대할 수밖에 없게 된 것은 어쩌면 당연한 귀결이 아니겠는가.

한마디로 '지식 없는 열심'(롬 10:2에서 원용) 내지 '가치를 묻지 않는 헌신', '개념(생각) 없는 치성'은 사실 기독교 영성과는 아무런 상관이 없는 것이다. 행위와 보상을 근간으로 하는 인과응보의 종교와 철학[5]보다도 더 위험한 것이 바로 미신, 곧 맹목적인 치성 신앙이다. 그런데 오늘 이 땅의 교회와 한국 기독교가 은혜에 기반한 구원의 복음을 선포한다고 하면서 마치 지식도 필요 없고(반지성), 가치나 도덕도 필요 없고(윤리 부재), 맹목적 치성에 의해 신비스런 기적이(신비주의), 카리스마를 가진 사제에 의해(사제주의), 아무 때나 격하게 일어날 수 있으며, 그것도 언제나 이 세상의 부귀영화와 무병장수를 보장해 주는 방향으로(기복주의) 천박하게 그리고 교묘하게 버무려진 것은, 작금에 한국 기독교와 이 땅의 교회가 이처럼 세상의 따가운 눈총을 받게 된 개탄스런 현실의 주요 배경일 것이다.

---

[5] 한국에 전래된 불교가 기복주의로 흐르게 된 것이나, 유교의 제사가 조상 숭배의 미신으로 흐른 것은, 그 이전부터 한국인의 심성에 뿌리 깊이 박혀 있던 토속 신앙인 샤마니즘의 영향일 것으로 추정된다.

이 지점에서 우리는, '예수 믿고 천당 간다'는 요약판 복음이 과연 예수께서 가져오신 하나님나라 복음을 제대로 드러내고 있는 것인지, 기독교의 핵심 가치를 잘 반영하고 있는지 심각하게 자문해 보아야 한다. 당시 일본의 식민지 아래서 혹독한 절대 빈곤을 살아 내면서 피안적인 위로의 메시지가 필요했던 시대에, 복음이 이런 기본적인 필요를 우선적으로 채워 줄 수 있어야 했던 절박한 상황에서는 충분히 이해할 수 있는 여지가 있다. 하지만 과연 '천당'이라는 말이 하나님께서 예수 안에서 가져오고자 하셨던 하나님나라와 동일한 실체라고 할 수 있을 것인가?

하나님나라의 역설 :
초월과 내재

우선, 하나님나라는 이 세상과는 판이하게 다른, 초월적인 성격을 지닌다. 하나님나라의 가치는 이 세상의 가치와는 그 차원이 다르다. 소위 구원에 수반하는 축복의 증거로써 무병장수와 풍작, 입신양명을 곁다리로 끼워넣으려는 가르침들이, '보릿고개를 넘고 우리도 한번 잘 살아보자'고 외쳐야 했던 근대화 과정에서 불가피하게 극대화될 수밖에 없었다. 그리고 경제 성장이라는 절체절명의 과제와 교회 성장이라고 하는 허울 좋은 이데올로기와 버무려져서, 기독교를 대중화하고 이 땅의 교회를 성장시켜온 동력으로 작동해 왔지만, 이쯤에서 한번 진솔하게 짚고 넘어가야 할 것이다.

하나님나라는 '무엇을 먹을까, 무엇을 마실까, 무엇을 입을까'(마 6:25) 하는 차원의 문제가 아니다. 그런 것들이 인생살이에 쓸데가 없다는 말이 아니라, 그런 수단들을 가지고 인생의 의미와 목적을 대체하거나 뭉개려 들어서는 안 된다는 말이다. 그렇다고 '먹고 마시는 것과 관련된 규정이나 의례 기준을 어떻게 정할까' 하는 의례적인 차원의 문제도 아니다. 하나님나라란, 성령 안에서 하나님나라의 의로운 통치를 추구하는 문제이며, 하늘나라의 평안과 희락을 누리는 문제다.(롬 14:17 참조) 하나님나라의 백성은 성령의 인도하심을 좇아 몸의 행실을 죽여야 하며(롬 8:12~14 참조), 음행과 온갖 더러운 것과 탐욕은 그 이름이라도 부르지 말아야 한다.(엡 5:3 참조) 땅에 있는 것들, 곧 음란과 부정과 사욕과 악한 정욕과 탐심을 추구해서는 안 되니, 탐심은 곧 우상숭배이기 때문이다.(골 3:1~5 참조)

주님께서는 우리를 위해 지금도 이렇게 기도하고 계시리라. "내가 비옵는 것은 그들을 세상에서 데려가시기를 위함이 아니요, 다만 악에 빠지지 않게 보전하시기를 위함이니이다. 내가 세상에 속하지 아니함 같이 그들도 세상에 속하지 아니하였사옵나이다. 저희를 진리로 거룩하게 하옵소서."(요 17:15~17) 우리는 '선택받은 족속이요, 왕 같은 제사장들이며, 거룩한 나라요, 그의 소유된 백성'이기에(벧전 2:9 참조), 이 땅에서는 도리어 지나가는 '나그네와 행인'(벧전 2:11과 창 23:4 참조)이자 '외국인'(히 11:13

참조)으로서 '본향'을 향해 순례의 길을 가고 있는 자들이다.(히 11:14~17 참조) 그렇기에 우리는 마치 아브라함이 가나안에서 사라를 장사 지낼 묘터조차 없었던 것처럼(창 23장 참조) 이 땅에서 땅 한 평 소유하지 못한다 해도 괘념할 것이 없으며, '그리스도를 위하여 받는 능욕을 도리어 이 세상의 모든 보화보다 더 큰 재물로 여길 수 있게' 된 사람들이다.(히 11:26 참조)

왜냐하면, 우리는 세례가 상징하는 바와 같이, 그리스도와 연합함으로써(롬 6:3~4 참조) 그리스도와 함께 살림을 받았으며, 또 함께 일으키사 그리스도 예수 안에서 함께 하늘에 앉히신 바 되었기 때문이다.(엡 2:5~6 참조) 그러므로 지금 우리가 육체 가운데 사는 것은, 우리를 사랑하사 우리를 위하여 자기 몸을 버리신 하나님의 아들을 믿는 믿음 안에서 사는 것이다.(갈 2:20 참조) 우리는 그리스도와 함께 하나님의 후사, 곧 하나님나라의 상속자가 되었기에(롬 8:17 참조), 이 땅의 소유, 지식, 명예, 모든 성취를 상대화할 수 있게 되었으며, 그리스도를 아는 고상한 지식에 비하면 그런 것들은 도리어 '배설물'처럼 여기게 된 것이다.(빌 3:8 참조)

따라서 여전히 이 땅의 것을 추구하여 아래로아래로 눈을 돌린다면, 우리는 아직 하나님나라의 그 영광스러움을 알지 못하는 것이며, 또 믿지 않고 있으며, 무엇보다도 우리는 여전히 이 땅의 것들에 예속되어 있는 개념 없는 존재에 불과하다. 주님께서 친히 예로 드신 바(마 6:24 참조), 맘몬의 가치를 하나님보다 더 높이는 것은 그야말로 한심하고 어리석은 일이 아닐 수 없다. 재물을 포기하지 못해서 심히 근심함으로 주님을 따라나설 수 없었던 부자 관원은(눅 18:18 이하 참조) '밭에 감추인 보화'(마 13:44 이하 참조)의 가치를 제대로 알아보지 못하고 사소한 것을 위해 중요한 것을 놓쳤던 것이다. '음식을 목숨보다, 의복을 몸보다 더 중요하게 생각하는'(마 6:25 참조) 이들은 하나님나라를 알지 못한 채 여전히 이 땅의 차원에 갇혀 있는 자들이다. 존재는 뒷전이고 여전히 소유에 집착하여 그 소유나 성취를 통해 존재를 입증하려 드는 이상, 우리는 이 어리석은 굴레를 벗어날 길이 없다. 도대체 얼마나 모아야 존재가 입증될 것이며, 얼마나 대단한 것을 성취하여야 존재를 알아줄 것인가. 무한 경쟁의 정글에 갇힌 현대인의 안쓰러운 모습은 사실 전혀 새삼스러운 것이 아니다.

돌아온 탕자가 아버지에게는 이전과 전혀 다르지 않은 여전한 아들이요, 죽은 줄 알았다가 다시 찾은 자식이기에 이전보다 더욱 귀한 아들이었던 것이다. 예수 그리스도 안에서 이처럼 우리의 존재를 있는 그대로 인정해 주시는 하나님의 사랑으로, 이제 우리는 이전에 동굴에 갇혀서 소유가 존재인 줄 알고 지내던 그 유치한 속임수의 진짜 얼굴을 볼 수 있게 된 것이다. 그럼에도 불구하고, 여전히 그 야바위 게임에 목숨 걸고 덤빈다면, 이제는 진짜로 소망 없는 자들일 수밖에 없지 않겠는가.

그러므로 주님께서 꼭 집어 경계하신 '탐심'의 문제를 넘어서지 못하고, 여전히 이 땅의 것에 집착하고 매여 있는 이상 우리는 하나님나라의 능력을 누릴 수 없으며, 나타낼 수는 더더욱 없다. 오늘 이 땅의 교회는 맘몬과 하나님 사이에 양다리를 걸친 혼합주의 복음을 가르친 결과, '존재'의 복음이 '소유'의 복음으로 왜곡되어 도로아미타불이 되고 말았다. 그 결과, 주님의 복음이 도리어 '탐욕의 복음'으로 둔갑했고, 끝내는 복음인지 미신인지 분간할 수 없는 지경까지 이르고 말았다. 이 땅의 차원에 복속되어 살아갈 수밖에 없었던 한심한 운명을 벗어 던지는 것, 그리고 탐심을 물리칠 수 있는 유일무이한 구원과 해방의 길을 이처럼 원점으로 되돌리는 것보다 더 우리 주님의 사랑을 무위로 돌리고 하나님의 이름을 욕되게 하는 중대한 죄악이 또 있겠는가.

이처럼 하나님나라는 초월적인 나라다. 우리를 옥죄고 있는 이 땅의 굴레를 끊어 버리고 일거에 우리를 해방시키고 구원해 내는 초월의 성격을 지닌다. 따라서 그 나라의 핵심 가치는 이 땅의 요란하지만 실상은 허접한 모든 것을 일거에 상대화시킨다.[6] 주님은 우리를 이 땅의 굴레에서 구속하시고 해방하기 위해 오셨으며, 우리에게 있는 새로운 시민권은 이전의 국적이 보장해 주던 모든 특권을 무의미하게 만들어 버린다.

그래도 하나님나라는 이 세상에 현존(임재)하는 내재적인 성격을 지닌다. 하나님나라는 종말론적인 성격을 띠지만 단지 먼 미래에 가서나 가능한 그런 초월적인 나라가 아니다. 다시 말하면, 하나님나라는 이 세상의 연장선상에서 그저 좀 더 낫게 되는 정도가 아니라 이 세상과는 차원이 다른 세상임에 분명하다. 그렇지만 이 나라는 죽은 후에나 비로소 갈 수 있는 어떤 피안적

---

[6] '청부론'이나 '고지론'이 방법론적(전략적) 대안의 하나로 거론되는 것이라면 모르지만, 하나님나라의 핵심 가치를 이 땅의 가치로 환원하거나 희석시키는 것으로 오인되면 안 된다.

인 시공간이 아니다. 예수께서 선포하신 하나님나라의 복음은 바로 지금, 여기서, 우리가 하나님의 통치를 받는 하나님의 자녀요, 백성이 된다는 데에 강조점이 있었던 것이다.

'그때 거기 가서'가 아니라 '지금 바로 여기에' 방점이 찍히지 않는다면 이는 예수께서 선포하신 하나님나라가 아니다. 그때 거기 가서에 방점을 찍는 종교나 사상은 많다. 그러나 그런 것으로는 우리의 가치와 방향을 바꾸어 놓지 못한다. 그때 가 봐서, 될지 안 될지도 불분명한데, 지금 굳이 내 가치와 방향을 바꿀 이유가 무엇이겠는가. 예수의 부활 사건과 성령의 강림 사건은 바로 지금 여기를 위한 것이며, '길'과 '진리'와 '생명'이란 먼 훗날을 비추어주는 지침이 아니라, 지금 여기서 우리의 존재 양식과 생활 방식에 대한 지침이라는 의미다.

예수께서 가져오신 하나님나라는 먼 훗날 예수께서 다시 오실 그때까지, 혹은 우리의 육체적인 생명이 끝날 때까지 유보되어야 할 그런 것이 아니다. 마치 밭에 심겨진 겨자 씨앗처럼, 밀가루 반죽 속에 스며든 누룩처럼 이미 역사는 시작되었으며, 그 나라의 권세는 아무도 저항할 수 없는 강력한 힘으로 벌써 자라나고 있으며 부풀어 오르고 있는 것이다.

하나님나라를 '천당'처럼 이해하여 먼 훗날로 미루고 유보해 버리는 이상, 우리의 가치와 방향을 굳이 바꾸어야 할 필요를 느낄 까닭이 없다. 그러면 이 과도기(유보기)에 우리가 취할 수 있는 가치와 방향이란 여전히 이전에 우리가 하던 대로 둘 중의 하나가 될 수밖에 없다. 즉 어차피 제한된(유보된) 세상, 그저 먹고 즐기는 쾌락주의적인 가치관을 좇든가, 아니면 이 세상의 허탄한 것을 경계하여 초월적인 것을 추구하려는 금욕주의적인 가치관을 좇는 것이다. 전자는 자칫 기복적으로 흐르기 쉬우며, 후자는 외식적으로 되기 쉽다. 여기에다가 성령의 현재적인 역사를 나름 받아들여서 극단적인 신비주의, 체험주의(은사주의), 번영신학, 기복주의 등을 버무린 나머지 그야말로 '영계'를 혼란에 빠뜨리고 말았다.[7] 그런가 하면 종말의 징조와 시간표에 초점을 맞춘 온갖 이단 사설들이 난무하면서, 예수께서 가져오고자 하셨던 하나님나라가 과연 어떤 것이었는지 종잡을 수 없게 되고 말았다.

따라서 하나님나라는 이 땅의 삶에 관심이 지대하며, 또 적극적으로 이 세상과 세상 사람들의 삶에 참여하고, 나아가서 변혁하는 자로서의 존재 양식을 그 백성에게 요구한다. 하나님나라는 종말론적인 나라임에 틀림없다. 그러나 그 나라가 벌써 오늘, 여기에, 침노하는 방식으로 임했다는 것이 바로 복음이다. 남녀노소 빈부귀천의 차별 없이, 이제는 누구든지 하나님의 자녀요, 백성으로서 지금부터 존재할(살아갈) 수 있다는 것이다. 우리가 비록 이 세상의 시공간에 여전히 살고 있지만, 우리는 천국(또는 천국의 가치)을 사는 것이요, 비록 이 육체의 한계 가운데 살고 있지만 우리는 부활(또는 부활의 소망)을 사는 것이다.

---

[7] 안수 기도로 복부 지방까지 뺄 수 있다니, 참으로 놀랍고 또 혼란스럽다(출처 : http://youtu.be/5WHQFq3c5Ac).

이처럼 하나님나라는 이 세상과 별도로 존재하는 어떤 또 다른 영역이 아니라, 바로 이 세상이든, 또 다른 어떤 세상에 들어가든, 하나님의 통치 아래에 들어가는 것을 말하며, 하나님의 통치가 함의하는 가치와 방향을 추구하는 것을 말한다. 구원(구속)이란 이 세상을 벗어나서 다른 세상으로 가는 것이 아니다. 그런 것은 헬라 철학이나 이방 종교에서 가르치는 것이지 성경의 가르침은 아니다. 주님께서는 당신의 백성을 세상으로부터 구원(구속)하시는 것이 아니라, (당신의 백성을 포함해서) 이 세상을 구원(구속)하고자 하시는 것이다. 구속이란 다름 아닌 '다시 사오는 것이며 되무르는 것'이다. 인간 사회를 포함해서 모든 것이 다 삐뚤어지고 일그러져 버린 이 세상, 창조 때의 아름다움을 상실한 세상, 차라리 없는 것만 못하다고 할 정도로 찌들고 병든 세상, 이 세상을 우리 주님은 그래도 포기하지 않으시고, 다시 그 아름다움을 회복하기 원하신다. 이 세상을 뭉개 버리고 새로운 세상을 만들고자 함이 아니다. 모든 것을 없애고 새로 하시겠다는 것이 아니다. 하나님을 등지고 가는 세상을 다시 하나님께로, 그 방향을 되돌리겠다는 것이다.

하나님나라의 백성은, 따라서 이 세상에 지대한 관심을 가진 이들이며, 나아가서 참담한 몰골을 하고 있는 이 세상의 현실을 아파하며 연민하는 이들이다. 물론 더 먼저는 자신들 안에 있는 일관성 없는 엉거주춤한 모습을 대하면서 "오호라 나는 곤고한 자로다"라고 절규하는 자들이다. 이 세상에 적극적이고 건설적으로 참여하기 위해서는 이 세상을 적확히 알아야 한다. 그래서 성경 못지않게 신문을 읽어야 한다. 한 손으로는 굳센 하나님의 손을 잡고 다른 손으로는 연약한 세상의 손을 잡아야 한다. 둘 가운데 한 손이라도 놓아서는 기독교 영성이 될 수 없다. 우리 주님의 성육신은 바로 초월적이면서 동시에 내재적인 영성을 함축한다. 하나님이면서, 신성의 모든 것이 충만하시면서, 그분은 동시에 우리와 같은 혈육에 참여하시기 위해 마리아의 태아로, 구유에 누운 아기로, 목수의 아들로 오셔서, 십자가에서 물과 피를 쏟으시고 끝내는 차가운 무덤에 들어가셨다.

하나님나라는 결코 지성소 안에서 고상하고 '거룩하게' 이루어진 것이 아니다. 도리어 그 지성소에서 끌려 나와서 골고다 언덕으로 상징되는 온갖 음모와 야유와 강포로 얼룩진 죄악된 세상의 막장 한가운데로 내동댕이쳐지는 모습으로 임했다. 그러나 이 땅의 장막 가운데로 성육신하심은 바로 이 죄악된 세상에서 아픈 것이나 곡하는 것이나 애통하는 것이나 눈물을 없이 하시기 위함이셨으며, 사망이 없고 밤이 없는 아름다운 세상으로 회복하시기 위함이셨던 것이 아닌가. (계 21:3 이하 참조, 22:5 참조)

하나님나라의 임금이신 주님께서 친히 이 땅의 질곡 한가운데로 오셨다면, 그 나라의 백성된 우리도 당연히 이 땅의 어두움을 향해 빛을 반사해야 하고, 썩고 냄새나는 구석구석에 소금으로 박혀서 녹아 내려야 한다. 구속(구원)이란 이런 것이다. 이것이 하나님나라의 존재 양식이며, 구원받은 자들의 부르심이다.

사실 주님께서 마련해 주신 이런 구원(구속)의 길이 영영 없다면, 우리는 가능한 한 이 세상을 멀리하는 것이 상책일 것이다. 나 혼자만이라도 때를 좀 덜 묻히고, 세속에 덜 물들이고, 같이 물고 먹는 일에서 한 발짝이라도 물러설 수만 있다면 금욕과 격리의 방식을 선택하는 것이 그나마 차선책일 것이다. 필요악과 같은 세상하고는 불가근불가원의 관계를 유지하는 것이 그나마 잘하는 것이요, 차선일 것이다.

그러나 더 이상 그럴 필요가 없다. 그리고 그래서도 안 된다. 주님 안에서 우리는, 주님께서 그러셨듯이, 이 세상을 다시 보듬어 안아야 한다. 더 이상 구경꾼이어서는 안 되며, 방관자적인 태도를 취해서도 안 된다. 그저 적당히 거리를 두는 소극적인 자세로는 이 세상을 결코 구원(구속)해 낼 수가 없다. 우리 주님께서 친히 마리아의 태 속으로 오셨듯이 우리는 이 세상의 구질하고 너절한 속살을 헤집고 들어가야지, 예배당 안에만 모여 있다가 가끔씩 새벽송을 도는 것만으로는 안 된다.

이처럼 하나님나라는 초월적이면서 동시에 내재적인 성격을 띤다. 이를 초월적 내재라고 하든 내재적 초월이라 하든, 어쨌든 이 둘 사이의 역설적 통합을 놓치게 되면, 하나님나라의 복음과는 거리가 멀게 된다. 기독교 영성 역시 바로 이 역설적인 두 성격을 통합적으로 담아낼 수 있어야 한다. 초월하면 내재할 수 없고, 내재하면 초월할 수 없는 것이 우리의 상식이지만, 이 땅에 성육신하시고 고난 받으시고 죽으시고 다시 부활하신 우리 주님 안에서 우리는 '이 땅에 있지만 이 땅에 속하지 않은', 도리어 '이 땅에 보냄 받은' 사람들이며, 천국의 시민권자임에도 이 땅에서는 도리어 나그네에 불과한 이중적인 정체성을 가지고 살아갈 수 있게 된 것이다.

'초월적 내재' 또는 '내재적 초월'이라고 하는 하나님나라의 이 역설은 그 시간표에 있어서도 역설적인 성격을 띤다. 하나님나라는 '이미' 왔지만, 또 와야 한다. 전자를 '성취'라고 하고 후자를 '완성'이라고 구분해 보지만 역시 역설이라고 할 수밖에 없다. 부활의 첫 열매가 되시는 우리 주님께서 우리의 부활을 담보해 주시지만, 주님께서 다시 오실 그날 우리가 다 부활의 몸을 입을 때까지는, 우리는 아직 이 시공간의 한계를 또렷이 의식할 수밖에 없는 한계를 가지고 살아가야 한다.

그러나 예수의 죽음과 부활로 대변되는 그 구원의 사건은 천국의 문을 단번에 열어젖히는 분기점이 (이미) 되었으며, 우리는 이제 그 무엇으로도 뒤집어엎을 수 없는, 이 세상의 그 어떤 것보다도 더 또렷하고 분명한 '새로운 현실'인, 하나님나라에서 살고 있는 것이다. 다시 말하면, 우리 주 예수 그리스도 안에서 이 하나님나라는 이 세상의 갖은 유토피아적 이상이나 도피적인 망상들과는 차원이 다른, 참되고 확실한 '새로운 현실'이 된 것이다. 이에 걸려 넘어지지 않는 자들이 복되도다.

하나님나라의 영성 :
참여와 회복[8]

하나님나라의 초월적인 성격이 우리 자신으로 하여금 이 세상에 대한 집착을 초월하도록 한다면, 하나님나라의 내재적인 성격은 이제는 우리를 위해서가 아니라 이 세상을 위해 다시금 이 세상에 참여하도록 한다고 할 수 있다. 따라서 기독교 영성은, 그 방향과 가치로 치자면 이 땅의 차원을 타자화하고 상대화하지만, 함께 아파하고 책임지려는 관점에서 보면 이 땅과 여기의 사람들을 동일시하기 위해 자기화하고 내재화하려는 역설적인 성격을 지닌다고 하겠다. 전자가 가치와 방향의 문제라면 후자는 영역과 구조의 문제다. 기독교 영성은 가치와 방향에서는 죽음을 불사하더라도 결코 타협을 알지 못한다. 타협한다면 이는 이미 기독교 영성이라고 할 수 없기 때문이다. 그러나 기독교 영성은 영역과 구조에서는 어떤 손실과 위험을 감수하더라도 여전히 동일한 대상, 동일한 세상을 겨냥할 수밖에 없다. 아무리 그럴듯한 방향과 가치를 지니고 있다 해도 그 가치와 방향을 담아낼 구조와 영역이 없다면 그 가치와 구조는 도대체 무엇을 위한 것인가.

따라서 가치와 방향이 제대로 잡혀 있지 않은 구조와 영역

---

[8] '회복이 있는 참여', 또는 '회복을 위한 참여'야말로 기독교 영성을 단석으로 규정해 준다. 여기서 방점을 잃단 '참여' 폭에 눈 것은 이 세대의 교회, 이 땅의 교회가 마치 비참여를 영성으로 생각하는 뿌리 깊은 곡해를 상쇄하고 싶기 때문이다.

은 무용하며, 구조와 영역이 없는 가치와 방향은 공허하다. 기독교 영성은 이 둘을 다 통합할 수 있어야 하며, 이 둘 사이를 혼동하거나 하나로 다른 것을 대체하려 해서는 결코 안 된다. 그러므로 회복이 있는 참여 또는 회복을 위한 참여야말로 기독교 영성의 독특성이요, 가늠자라 하겠다. 개인적이든 사회적이든 일상의 삶의 자리에 참여하지 않는 것은 기독교 영성이 아니며, 회복을 포기하고 타협하는 것 역시 기독교 영성이라고 할 수 없다.

첫째, 하나님과의 관계에서 우리는 하나님을 인정하되, 하나님을 하나님으로 인정해야 한다. 중세의 암흑기를 지나오면서 우리는 마치 신에게서 독립을 해야 진정한 인간이 되는 것처럼 생각하게 되었고, 때마침 시작된 과학의 발견과 기술 문명의 축적은 어느 정도 인간의 독립 투쟁이 성공할 것처럼 보이도록 오도함으로써, 마치 하나님을 인정하지 않는 것이 무슨 대단한 유행인 양 번져 나가게 되었다. 그러나 그 결과로 천박한 물신 숭배에 빠지게 되었고, 창조의 한 가지 방법론에 불과한 진화가 창조를 대체하기에 이르렀다. 하나님은 버린다고 버릴 수 있는 분이 아니시다. 도리어 하나님을 인정하고 바른 방향, 곧 그분의 지엄하신 그대로, 그리고 그분의 애틋하신 그대로를 인정하고 수용하고 경외하도록 해야 한다. 이것이 바로 기독교 영성이다.

둘째, 동료 인간들과의 관계에서도, 우리는 비록 일그러지고 병들었지만 여전히 하나님의 걸작품이요, 사랑하시는 대상으로서, 그리고 우리의 동류이자 동료로서 우리의 이웃을 인식하여야 한다. 그들 말고 달리 우리에게 또 다른 이웃이 있을 수 있는 것이 아니다. 문제는 우리가 그들을 어떻게 가치 있게 인식하고, 어떤 태도로 대하느냐는 방향에 따라 결과는 달라질 것이다. 오늘 우리가 사는 사회는 굳이 이웃이 없어도 스스로 자족할 수 있다고 생각하여, 아예 문을 걸어 잠그고 독립을 선언한 나머지 너도나도 다 고립된 인생이 되어 버렸다. 그 결과 사람이 가장 멀리 있는 존재가 되었으며, 서로서로 경계(경쟁)의 대상이 되고, 남이 나를 해코지하기 전에 내가 먼저 선방을 날려야 하는 적대적인 대상이 되고 말았다. 그러다가 힘센 사람이 자물쇠를 부수고 들어오면 이번에는 또 살아남기 위해 굽실거려야 하는 갑·을의 불평등한 계급사회로 전락하고 말았다. 다시 말하면, 이러나저러나 우리는 참된 우정을 나누는 관계를 어디에서도 발견하지 못하게 되었다. 사람이 그립지만 동시에 사람이 가장 무서운 존재가 되고 말았다. 아마도 하나님을 떠난 인간에게 가장 아쉽고 절실한 당면 문제는 동류 인간과의 관계마저도 절단 나고 말았다는 현실이 아닐까 싶다. 이렇게 하여 인간은 소위 공동체를 상실하고 만 것이다.

사실로 말하자면, 공동체를 떠나서 인간은 누구도 스스로 존재할 수 없다. 로빈슨 크루소마저도 간접적이지만 다른 인간과 연결되어 있지 않았던가. 문제는 우리가 나쁜 공동체, 병든 공동체, 두려움과 경쟁의 공동체, 소유와 학벌과 지위나 성취나 업적 같은 것들로 서로 판단하고, 줄 세우고, 무시하고, 함부로 폭력을 휘두르는 해로운 공동체 안에서 살아가고 있다는 사실이다. 이런 공동체 안에서는 참된 인간이 될 수 없다. 살아남기 위해 무슨 짓이든 다 하는 풍토에서는 진정한 인간이 길러질 수 없다. 그야말로 가까이 있는 사람일수록 경계해야 하며, 상처를 받지 않으려면 도리어 거리를 두고 항상 가드를 올리고 있어야 하는 그런 세상을, 우리는 살고 있다. 오죽하면 동물의 왕국을 보면서 도리어 인간미를 그리워하는 신세가 되었을까. 그렇다고 이런 공동체를 함부로 떠나는 것이 해답이 될 수는 없으며, 또 사실은 떠날 수도 없다. 그래서 많은 사람이 갖은 고통과 상처를 받으면서도 울며 겨자 먹기 식으로 그렁저렁 살아가고 있는 것이다. 기독교적 영성은 공동체가 없어도 혼자서 잘해 가는 그런 종류의 영성이 아니다. 그렇다고 기존의 공동체를 버리고 떠나서 새로운 공동체로 끼리끼리 모이자는 것도 아니다. 기독교적 영성은 하나님의 창조물인 동류 인간들을 여전히 귀히 여기고 존경하며, 병들고 뒤틀린 관계를 짚어서 바로잡고, 일그러진 공동체를 회복해 나가는 것이다.

셋째, 세상에 대해서도 마찬가지다. 우리는 이 세상을 조만간 없어져 버릴 것으로, 그때까지 우리는 우리에게 필요한 것들을 빼먹고 최대한 이용하면 그뿐인 것으로 생각해서는 안 된다. 자연은 물론이려니와 우리의 삶의 터전을 형성하고 있는 사회·정치·경제·문화적인 모든 인프라가 그저 우리를 천국으로 보낼 때까지만 필요한 것이며, 단지 우리에게 먹을 것과 마실 것과 입을 것을 공급해 주는 통로의 역할만 하는 타자적인 대상으로 이해하기 때문에, 사실 우리의 삶은 무의미하게 되고 말았다. 일생의 가장 많은 시간을 보내는 직장 생활이 그저 내가 먹고 사는

데 필요한 돈(월급)을 받기 위한 것 말고는 아무 의미가 없다면, 이보다 더 불행한 일이 또 있겠는가. 그저 남보다 더 빨리 그리고 더 많이 돈을 벌려고 한 번뿐인 인생을 그토록 혹사시킨다면, 반대로 돈 걱정이 없는 이상 아니면 돈 되는 일이 아닌 이상, 복지부동하며 의미 없는 일로 시간을 죽이고 있다면 그런 인생이 과연 보람 있는 인생이라 할 수 있을까?

세상 속에서 우리는 하나님과의 관계에서 바른 가치와 방향을 따라 그분을 경외하기 위해, 그리고 동류 인간과의 관계에서 바른 가치와 방향을 따라 우정을 회복하고 서로 돕고 돌보는 아름다운 공동체성을 회복하려고 뭔가 각자 재능껏 기여하고 힘을 합하기 위해 일하는 것이다. 맑스Werner Marx가 말한 '노동의 소외'는 그저 일한 대로 보상을 받지 못하는 차원의 소외가 아니라 인간의 존재 이유와 직결되어 있는 본질적인 차원의 소외로 이해해야 한다.

기독교 영성의 특성은 뭐니 뭐니 해도 참여하는 데에 있다. 우리가 그 허접함과 공허함을 누구보다 많이 경험했기에, 우리가 이제 예수 그리스도 안에서 회복의 길을 발견했기에, 또 지금 여기서는 이 세상의 자연과 관계와 문화가 우리에게도 유일한 삶의 터전이기 때문에, 우리는 이 세상에 참여해야 한다. 그리고 참여하되 회복을 위해 하나님을 알지 못하던 때보다, 하나님을 알지도 못하는 이들보다 몇 갑절이나 더 큰 안타까움과 더 큰 수고와 헌신으로 참여해야 한다. 또한 필요하면 중지를 모으고 서로 연대하여, 전략적이고 효과적으로 참여해야 한다.

Section 4 마치는 이야기
뉴제너레이션을 위한 기독교 영성

그렇다면, 사실이 이러함에도, 이런 제반 관계에서 우리 그리스도인이 가일층 참여하고 몰입하기는커녕 도리어 세상의 의식 있는 사람들이나 타종교인보다 더 소극적이 된 것은 어디에 기인하는 것일까? 도대체 무엇이 문제인가?

사교육의 사슬에 묶인 채 입시 지옥의 공포에 시달리다 못해 자살의 길을 선택하는 사춘기 청소년들을 보면서, "싸구려 커피"를 주제가로 부르고 "내일이면 세상이 끝날 듯 짝짓기에 몰두하는"[9] 88만원 세대의 청춘들을 본다. 그리고 꼼수와 편법으로 점철되어 있는 사회·정치·경제적 불의와 불평등 구조가 점점 더 양극화를 심화하고 있는 이 땅의 현실 속에서, 자식에게 짐이 되고 싶지 않아서 안락사나 자살을 선택할 수밖에 없는 노령화 사회의 낯선 모습을 접한다. 그러면서 인종 간 종교 간의 갈등과 빈부격차로 인해 더욱더 포악해지고 피폐해 가고 있는 지

---

9) '브로컬리 너마저(Broccoli you too)'가 부른 '졸업'의 가사 중에서.

구 저편의 동료들을 향해, 과연 그리스도의 제자로서 우리가 취할 수 있는 태도와 또 구체적으로 실행할 수 있는 일은 과연 무엇일까? 심지어 주님의 교회가 도리어 세상의 지탄을 받고 있는 이런 기막힌 현실 속에서 기독교 영성이란 무엇이란 말인가.

하나님나라의 복음이 뭔가 불완전하고 부족하기 때문인가. 아니면 우리가 하나님나라의 핵심 가치를 등지고 여전히 이전의 습관과 소욕을 좇느라 주님의 거룩하신 계획을 가로막고 훼방하고 있기 때문은 아닌가.

새로운 세대는 이제 이 시대의 민낯에 부합하는 '새로운' 방식으로 기독교적 영성을 구현해 내어야 할 것이다. 우선은 선배들에게 물려받은 영성을 냉철하게 성찰하는 데서부터 다시 시작해야 한다. 탐욕과 교묘하게 버무려진 기복적인 복음, 세대주의적 종말론으로 채색된 내세 중심의 '천당 복음', 잘살아 보자는 일념으로 달려온 성장 이데올로기에 편승한 교회 성장주의, 마케팅 전략을 방불케 하는 교인 쟁탈전, 하나님나라마저도 개인적인 유산을 물려주듯이 할 수 있을 것처럼 생각하는 방약무신(傍若無神)한 교회 세습의 행태들은 새로운 세대에서는 용인되어서는 안 될 것이다.

게다가 남북 간에는 피비린내 나는 전쟁을 겪었고, 지금도 좌우 이념적인 대립으로 말미암는 반공 매카시즘(McCarthyism)의 공포증(Phobia)에서 벗어나지 못한 채 정치적인 중립마저도 오히려 녹록지 않다. 그리고 진정한 보수도 진정한 진보도 없이 그저 이전투구의 집단 이기주의만 난무할 뿐인 사회·정치적인 억압의 현실, 절대 빈곤의 트라우마에 여전히 사로잡혀서 지나치게 물질적인 안전에 집착하고 있는 시대 풍조, 사대와 친일의 굴레에서 벗어나지 못한 채 주체 의식이 결여되어 있거나, 자존감이 쓸데없이 낮아져 있는 성향 등은 우리 민족 전체가 맞닥뜨리고 있는 안타까운 현실이자 넘어야 할 산이다. 이는 이 땅의 교회와 그리스도인들이 우리 주님의 정신을 담대하게 구현해 내지 못하도록 발목을 잡고 있는 태생적인 한계임이 분명하다.

그러나 시대마다 각각 나름의 과제가 있을 터, 이 시대의 기독 청년들은 선배들의 어깨 위에서 이제 한 걸음 더 나가야 하리라. 이 민족의 질고를 기꺼이 짊어질 각오로 우리 기독인들이 먼저 앞장서서 달려 나가야 하리라. 초월과 내재로 성육신하신 우리 주님께서 친히 앞장을 서셨으며, 허다한 하나님나라의 선배들이 달려갈 길을 마치고 우리를 응원하고 있지 아니한가. 하나님나라의 그 놀라운 영광에 사로잡혀서 그 나라의 핵심 가치를 붙들고 좇아 간다면, 그리고 무엇보다 출구를 찾지 못한 채 아비규환하고 있는 이 땅의 아픔과 슬픔을 내 불행인 양 끌어안는 앙가지망(Engagement)의 영성으로 나아간다면, 우리의 작은 결단과 수고와 고난을 통해 우리 주 예수 그리스도의 복음, 곧 하나님나라의 복음이 그 진리의 빛을 발할 것이며, 구원과 해방의 능력을 발휘함으로 능히 이 땅의 혼돈을 종식시키고, 하나님나라가 두루 임하도록 할 것이다.

하나님께서는 이제도 신령한 사람을 찾고 계신다. 하나님나라의 복음에 입각하여 초월과 내재를 살아 낼 사람들, 아니 초월을 내재로 살아 낼 '세속 성자'들을 부르고 계시며, 질곡으로 얼룩진 이 시대의 컨텍스트 안에서 성경의 텍스트를 몸으로 해석해 낼 '유기적 제자'들을 기다리고 계신다. 이 초월적이면서도 내재적인 부르심에 응답하는 것, 그것이 다름 아닌 기독교적 영성이다.

온전한 복음과 공동체성의 회복이 필요한 한국교회

— 손봉호

고신대학교 석좌교수

Section 1 시작하는 이야기
온전한 복음이란

'한국교회, 온전한 복음과 공동체성의 회복이 필요하다'가 주어진 주제. 온전한 복음이라는 말을 들으니 생각나는 것이 '순복음교회'다. 영어로 순복음교회는 Full Gospel Church이고, Full Gospel은 '온전한 복음'이다. 우리나라에도 온전한 교회가 하나 있는 셈이다. 그런데 잘 알다시피 온전한 교회가 되는 것은 매우 어려운 모양이다.

'온전'은 '완벽하다'는 뜻이다. '완벽한 복음'이란 말을 어떻게 이해할 것인가? 복음 자체는 완벽한 게 틀림없다. 그러나 문제는 우리가 이해하고 우리가 순종하는 그 복음, 우리가 가졌다고 생각하는 복음이 완벽한지, 온전한지에 대해서 우리는 심각하게 반성해 보아야 한다. 복음이 불완전해서가 아니라 그 복음을 '완벽하게 이해했는가, 또 그 복음을 완벽하게 순종하느냐' 하는 것이다. 복음은 지식과 달리 제대로 순종하지 못하면 완벽해지지 못하게 된다. 이중적인 이유로 복음이 온전하게 된다는 것이 참 어렵다는 것을 말하는 것이다.

예수님이 우리에게 제시하신 말씀, 성경이 제시하신 말씀을 우리는 흔히 '계시'라고 한다. 계시는 하나님이 자기 뜻을 나타내셨다는 것을 뜻하고, 하나님이 자기 뜻을 나타내신 이유는 우리 힘으로는 발견할 수 없기 때문이다. 우리가 스스로 깨달을 수 없기 때문에 하나님이 계시하신 것이다. 거기에는 하나님의 생각이 우리의 생각과 다르다는 것이 전제되어 있다. 하늘이 땅에서 높음 같이, 동이 서에서 먼 것 같이 하나님의 생각과 사람의 생각이 매우 다르다. 그러므로 하나님의 뜻을 올바로 이해하고 복음을 올바로, 완벽하게 받아들인다는 것은 거의 불가능하다고 생각할 수 있다.

Section 2 온전한 복음을 찾기 위한 해법, 하나
회복과 비판

'회복'이란 과거에 잃었던 것을 다시 찾는 것을 뜻한다. 그리고 이 글의 제목에도 '회복'이라고 되어 있다. 그런데 우리가 과연 완벽한 복음을 과거에 이해했고, 복음대로 순종했는가? 그렇다고 대답하기가 어렵다. 물론 초대교회가 가장 이상적이었다고 하지만, 과연 우리가 초대교회로 돌아갈 수 있는가? 종교개혁 때도 초대교회로 돌아가야 한다고 했지만 그 동안 삶과 세상이 많이 바뀌었기에 완전히 돌아가기가 매우 어렵다. 그래서 회복이라는 말이 아주 적합하지는 않다는 생각이 든다. '회복'보다는 '접근'하자는 것이 더 타당하다고 본다. 온전한 복음 쪽으로 가까이 가는 것을 시도해야지, 완전히 소유하겠다는 것은 불가능한 것이 아닌가 한다.

과거에는 철학자나 일반인도, 인간에게는 이성이 있어서 진리를 발견하든지 못하든지, 알든지 모르든지, 흑백으로 생각하는 경향이 많았다. 이성이란 것이 모든 사람에게 주어졌기에 옛날 사람과 오늘의 사람이 차이가 있을 수 없으므로 시간

적인 요소를 별로 중요시하지 않았다. 그러나 철학이 발전하면서 모든 것에 비판을 계속해 왔고, 현대에 와서는 "이성이 도대체 뭐냐"는 회의가 시작되었다. 그리고 이성이 무엇인지 정확하게 이해하기 어렵다는 것을 알게 되었고, 이성이 대단한 게 아니라는 생각이 일반화되었다. 이런 경향을 '포스트모더니즘(Postmodernism)'이라고 한다. 이런 흐름은 이미 19세기에서 시작되었다.

독일 철학자 니체 Friedrich Nietzsche 는 '이성은 창녀다'라고 했다. 이성은 이런 목적을 위해서 이렇게 사용하다가, 저런 목적을 위해서 저렇게 사용하기도 했으므로 왔다 갔다 하는 것이지, 그 자체가 대단한 게 아니란 의미에서 이성을 창녀라 한 것이다. 사실 이 말은 루터 Martin Luther 가 제일 먼저 했다. 다소 역설적이라 할 수 있다. 물론 루터는 그때 개혁신학이 심각하게 비판했던 천주교의 '토미즘(Thomism)'이 아리스토텔레스의 철학 사상을 너무 많이 도입한 것에 불만을 가졌다. 루터가 천주교 신학을 비판하면서 아리스토텔레스의 합리주의를 비판한 것이다. 그 시대에는 신학자들도 욕을 많이 한 것 같다. 루터는 아리스토텔레스를 '죽은 개'라 하기도 했다.

독일의 철학자 가운데 이성의 권위에 도전한 사상가가 한둘이 아니었는데 그 가운데 니체가 대표적이다. 요즘은 '이성'보다 '문화'가 더 많은 관심을 받는다. 누구나 이성을 통하여 객관적인 진리를 발견할 수 있는 것이 아니라, 그 사람이 속한 사회의 문화가 어떠냐에 따라 대상에 대한 이해가 달라진다는 사실에 주목하는 것이다. 일종의 문화결정론적인 사상이 지배하는 것이다. 문화는 역사 발전에 따라 자꾸 달라진다. 그러니 사람이 무엇을 이해할 때 그가 속해 있는 문화의 전제를 무시할 수 없는 것이다. 이런 풍조가 이제 상당히 일반화되었다고 할 수 있다. 여기서 소위 '해석학적 순환(Hermeneutical Circle)'이라는 문제가 생겨난다. 19세기 독일의 신학자 슐라이어마허^{S. D. E. Schleiermacher}가 해석학이라는 말을 처음 사용했다. 성경 말씀도 옛날 사람이나 오늘날의 사람이나 다 같이 이성을 가졌기에 똑같이 이해하는 것이 아니라고 주장했다. 자기가 속해 있는 문화의 입장에서 성경을 이해할 수밖에 없다는 것이다. 여기서 생겨난 게 '해석학적 순환'이다. 나의 입장에서 다른 문화를 이해하면 나의 입장도 조금 달라지고 내 생각이 조금 바뀌질 것이다. 바뀐진 이해에 근거해서 내가 속한 문화를 다시 해석한다. 그러면 내가 이제까지 이해했던 우리 문화의 입장과 조금 다른 입장을 취하게 될 것이다.

예를 들어, 내가 유럽에 유학을 갔다. 처음에는 한국적 문화의 관점에서 유럽 문화를 이해한다. 그러다가 몇 년 살고 나면 유럽에 대한 나의 이해가 달라진다. 물론 거기에는 한국적 관점이 깔려 있다. 그러나 처음에 가졌던 것과는 관점이 조금씩 바뀐다. 유럽 문화에 감염된 나의 눈으로 한국 문화를 보면 옛날에 알았던 것과는 다르게 보인다. 이렇게 계속해서 해석의 순환이 일어나는 것이다. 슐라이어마허는 신학에도 영향을 끼쳤지만 20세기에 들어와서 철학에도 중요하게 인용되었다. 그리스 고전

텍스트를 대할 때도, 다른 문화를 이해할 때도 해석학적 순환을 피할 수 없다는 생각이 일반화되어 있다.

이것을 온전한 복음과 연결시키는 이유는 온전한 복음, 즉 하나님이 의도한 복음은 틀림없이 있다는 데 있다. 그리고 그것은 온전하다. 그러나 우리가 과연 그 복음을 온전한 모습으로 이해할 수 있는가? 우리는 하는 수 없이 한국 문화, 현대화된 한국 문화의 관점에서 복음을 이해할 수밖에 없다. 문화를 초월하여 절대적 위치에서 복음을 있는 그대로 이해한다는 것은 불가능하다. 우리는 다만 조금씩 순수한 복음, 온전한 복음에 가까워지려고 노력하는 것이지 우리가 당장 한꺼번에 온전한 복음을 있는 그대로 이해하고, 그대로 순종한다는 것은 불가능함을 솔직히 인정해야 한다.

순환에는 선순환도 있지만 악순환도 있다. 선순환은 조금씩 온전한 복음에 가까워지는 것이다. 한국식 사고 방식에 젖어 있다가 조금씩 성경을 이해하고 기도하고 성화되면서 좀 더 높은 차원으로 올라가 한국 문화를 비판할 수 있다. 그러면서도 아직까지 한국 문화에 감염되어 있을 수밖에 없다. 그러나 조금씩 높은 차원으로 올라갈 수 있는데, 신학에서는 이것을 '성화(聖化)'라 한다. 이렇게 선순환이 가능하고, 우리는 모두 이런 선순환에 참여하기를 원한다. 그러나 잘못하면 오히려 악순환이 일어나 점점 더 성경에서 멀어질 수도 있다.

성경의 가르침은 분명히 한국 문화와 다르다. 한국 문화에 감염되어 있더라도 성경이 한국 문화와 다르므로 성경을 하나님 말씀으로 믿으면 불가피하게 우리 문화에 대해서 비판적이 된다. 성경적 입장에서 보면, 좋아진다는 것은 부정적인 것을 비판한다는 것을 전제한다. 잘못된 것을 모르면 더 나아갈 수 없다. 비판이란 꼭 도덕적으로 나쁘다고 하는 것만이 아니다. 부정적이거나, 원칙에 어긋났거나, 이상적인 것이 아니라고 지적하는 것도 비판이다.

어떤 권사님이 전화해서 심각하게 항의했다. 성경에서 비판하지 말라고 했는데, 왜 장로님은 자꾸 비판하느냐고 했다. 성경에 그런 말이 있는 것이 사실이다. 그래서 사실 조금 움찔했다. 그러다가 엉겁결에 "선지자도, 예수님도 비판했지 않느냐?"라고 했더니 "선지자나 예수님은 특별한 분이니까 그런 거지"라고 했다. 그 말도 옳다. 나는 하는 수 없이 "루터도, 칼뱅도 비판하지 않느냐?"라고 했다. 권사님이 더 이상 항의하지는 않았지만 "장로님이 루터나 칼뱅 수준이 되느냐?" 하고 물었더라면 더 난감할 뻔 했다. 그럼에도 비판하지 말라는 말을 어떻게 이해해야 하는지가 늘 고민이 된다. 내 나름대로는 성경이 말한 비판은 '나는 의롭고 저 사람은 불의하니 비판한다'는 식의 비판이고, 성경은 분명히 그런 비판을 금지한다. 그러나 성경의 원칙에 입각해서 '비성경적인 것을 비판하는 것과는 다르지 않나' 하고 나름대로 자위한다.

어쨌든 비판은 우리가 계속 할 수밖에 없다. 단순히 누구를 비판하는 게 아니라 '한국교회가 잘못되었다든지, 우리의 일반적 삶이 잘못되었다든지, 한국 문화, 한국교회가 잘못되었다든지' 지적하는 것은 불가피할 뿐 아니라 필요하다. 누구를 정죄하는 것이 아니라 고치기 위한 비판이다. 해석의 선순환이 생겨나려면 비판이 전제되어야 하는 것이 아닌가.

이 글의 제목도 벌써 비판하라고 주어졌다. 지금 우리가 이해하고 순종하는 복음이 온전하지 못하다는 것을 전제하는 것이다. 우리 공동체도, 우리 공동체가 순종하는 복음도 온전하지 못하니 비판하라는 것이다.

Section 3 온전한 복음을 찾기 위한 해법, 둘
정통신학

복음에 있어서 중요한 것은 기본적인 교리, 즉 구원의 도리다. 이 문제에 대해서 우리가 인정해야 할 것은 한국교회의 신학은 괜찮다는 것이다. 상당히 정통적이다. 이것은 긍정적으로 인정해야 한다. 대부분의 한국 신학교는 정통신학을 가르치고 있다. 이것을 보수적이라고 하지만, 정통신학은 보수적이 될 수밖에 없다. 정통은 긴 역사를 가지고 있다는 것을 전제한다.

이단에 미혹된 청년이 전화를 해서 자기네 교주가 특강하는데 와서 들으라고 했다. 속으로 건방지다는 생각이 들어서 화를 냈다. "너 많이 돌았구나. 우리 한국교회 정통신학이 그렇게 시시한줄 아느냐. 2000년의 역사를 가지고 있는 것이다. 너희 교주보다 훨씬 더 똑똑한 신학자 수천 명이 긴 역사를 두고 토론하고 연구하고 기도하고 회의해서 만든 신학이 정통신학이다. 하루아침에 어떤 돌팔이가 나타나서 말도 안 되는 소리를 떠드느냐?"고 했다. 그때 다시 한 번 깨달았다. 우리가 가진 신학이 그렇게 시시한 것이 아니다. 대단한 신학이란 것이다.

정통신학의 무게를 인정해야 한다. 나는 이것을 '역사의 무게'라 부른다. 우리가 가진 정통신학이 매우 소중하다는 것을 알 필요가 있다. 한국교회가 그 신학을 그대로 순종하지는 못하고 올바로 믿지는 못해도 신학교에서 가르치는 신학은 상당히 건전하다는 것을 인정하고 감사하게 생각해야 한다.

19세기부터 소위 자유주의신학이 나와서 성경을 사람의 생각대로 해석했다. 그때의 철학, 한창 발달하던 자연과학에 너무 영향을 많이 받았다. 사람의 철학, 과학을 너무 많이 수용해서 그 관점에서 성경을 보기 시작해서 자유주의신학이 생겨났다. 그 자유주의신학이 어떻게 되었는가? 그 자체의 옳고 그름을 떠나서 그 신학을 도입한 교회는 거의 다 약해지고 없어졌다. 지금 독일교회가 거의 힘을 잃었다. 유럽의 교회가 거의 다 그렇다. 독일에서 자유주의신학이 많이 생겨난 이유 가운데 하나는 신학과가 대학 안에 있기 때문이라고 생각한다.

옛날에는 적어도 '유니버시티(University)'라는 이름을 붙이려면 신학, 법학, 의학이 있어야 했다. 그것은 중세 때의 우주관, 즉 신학은 하나님, 의학은 물질계, 법학은 사회를 상대로 하는 학문으로 취급했기 때문이다. 즉 하나님, 물질, 사회가 우주, 즉 '유니버스(Universe)'를 이룬다고 생각했다. 그래서 그 세 학과가 있어야 유니버시티란 이름을 붙일 수 있었다. 국립대학 혹은 주립대학에도 신학과가 있을 수밖에 없었다. 신학과가 대학

안에 있으니 신학 교수들이 다른 학과 교수와 학문적으로 경쟁할 수밖에 없었다. 교수는 새로운 이론을 만들어내야 학문적 인정을 받는다. 이미 있던 이론, 옛날에 했던 소리를 반복하면 자격 없는 학자가 되겠기에 새로운 것을 만들려고 노력하는 것이다. 이게 독일 신학에서 자유주의신학이 생겨난 중요한 이유가 아닌가 싶다. 그러나 불행하게도 이것이 결국 독일교회를 약하게 만들었다고 할 수 있다. 과학이니 철학이니 하는 것이 그렇게 대단한 것은 아니다. 철학 사상은 계속 바뀐다. 철학사를 공부하는 이유는 계속 새로운 사상이 등장하기 때문이다. 자연과학도 비슷하다. 아리스토텔레스의 물리학은 뉴턴의 물리학과 다르고, 뉴턴의 물리학은 아인슈타인의 물리학과 다르다. 요즘 수용되는 양자물리학은 또 다르다고 한다. 세상 학문은 이렇게 변한다.

그런데 신학자, 기독교인이 세상 학문에 너무 영향을 받으면 안 된다. 그게 절대인 줄 알고 그 관점에서 성경을 보기 시작하면 성경의 권위가 떨어질 수밖에 없고, 교회가 힘을 잃을 수밖에 없다. 독일교회에서는 무신론자도 목사가 될 수 있으니, 교회가 죽을 수밖에 없다. 자유주의신학을 도입한 모든 교회는 거의 다 약해졌다. 캐나다에도 장로교, 감리교, 침례교가 다 있었다. 그런데 교회가 다 약해져서 'Church of Canada'란 교단을 만들었지만 그나마도 유명무실하다.

우리가 보수적인 정통신학을 가지고 있다는 사실을 긍정적으로 생각하고 감사하게 생각해야 한다. 자유주의신학이 한국교회에 들어왔다면 벌써 한국교회는 사라졌을 것이다(적어도 신학만은 정통신학을 고수해야 한다).

이와 연관해서 한국교회가 기도, 전도, 헌금, 봉사, 선교를 강조하는 것은 아주 긍정적이다. 이건 자랑할 만한 것이고, 끝까지 유지해야 한다. 기도, 전도, 헌금, 봉사, 선교 등을 게을리 하면 교회는 오래 지속될 수 없다.

Section 4 온전한 복음을 찾기 위한 해법, 셋
행함이 없는 지식

그런데 복음이란 단순히 이론적으로 바로 이해하는 것만으로는 충분하지 않다. 그리스 철학자들은 알면 행한다고 가르쳤다. 즉 '지행합일(知行合一)'이 자동적으로 이뤄질 수 있다고 믿었다. 요한일서에 나오는 영지주의는 신령한 지식만 있으면 모든 게 다 해결된다고 가르쳤지만 사실은 그렇지 않다. 성경은 아는 것으로 충분하다고 가르치지 않는다. 성경에서 안다는 것은 오늘날 우리가 1+1=2를 아는 것과는 전혀 다른 종류의 앎이다. 성경에서 안다는 것은 인격적으로 관계되어 있다는 것을 함축하고 있고, 단순히 말과 지식만으로 아는 것 이상이다. 예수님이 "나더러 주여 주여 하는 자마다 다 천국에 들어갈 것이 아니요, 하늘에 계신 내 아버지의 뜻대로 행하는 자라야 들어가리라"(마 7:21)고 하셨다. 이건 단순히 입으로 하는 고백이나 지식으로 아는 것으로는 안 된다는 것을 말한다. 지식만으로 아는 복음은 온전한 복음이 아니라는 것이 분명하다.

어느 시대든 아는 대로 행하는 것은 어렵다. 한국 사람만 어렵고 나에게만 어려운 것이 아니다. 모든 사람에게 다 어렵다. 지행합일이라는 말이 나온 이유도 그것이 문제가 되기 때문이다. 영어에도 "easy to say, hard to do(말하기는 쉽고, 행하기는 어렵다)"라는 말이 있다. 동서고금을 막론하고 행하기가 어렵다. 특별히 한국이 좀 더 어렵다. 그리스도인들도 아는 것보다는 순종하는 것이 훨씬 더 어렵다.

한국 그리스도인의 가장 심각한 문제는 믿음과 행함이 따로 노는 이원론적인 상황이다. 왜 한국교회가 이렇게 이원론적이 되었을까? 처음 기독교가 한국에 들어올 때 이미 미국의 복음주의에 있었던 이원론적인 요소가 같이 들어왔기 때문이다. 영혼 구원과 소위 영적이라 하는 것만 강조하고 나머지는 모두 세상적이고 마귀적이기에 상관하지 않는다는 태도였다. 오직 예수를 잘 믿어 천국에 가고 구원받는 것만이 중요하다는 생각이 지배적이었다.

Section 5 온전한 복음을 찾기 위한 해법, 넷
차세 중심적 세계관과 경쟁

그러나 나는 그보다 못지않게 중요한 것은 한국적 세계관 때문이라고 주장한다. 한국적 세계관은 어떤 것인가? 여러 주장이 있겠지만 철두철미한 차세 중심적(지금 살고 있는 세상 중심적)이라고 주장한다. 즉 하나님도, 내세도 인정하지 않고 이 세상만이 전부란 것이다.

우리 국민의 지배적인 우주관, 인생관, 가치관을 결정한 것은 '샤마니즘(Shamanism)'이다. 샤마니즘은 황천에 대해서 얘기한다. 일종의 내세라 할 수 있다. 그러나 그 황천이 전혀 중요한 기능을 하지 않는다. 황천에 가야된다는 것을 강조하지 않는다. 다만 황천에 가지 못한 귀신이 떠돌아다닌다고만 가르칠 뿐이다. 신의 경우도 마찬가지다. 잡신은 있으나 전지전능한 신은 인정하지 않는다. 유교도 이와 유사하다. 우리 역사에서는 불교가 가장 오래 지배했지만, 불교는 우리 세계관에 거의 영향을 끼치지 못했다고 생각한다. 오히려 불교가 우리 세계관을 무속화시켰다. 유교는 무속 종교와 뿌리를 같이하기에 무속화 할 필요도 없다. 물론, 유교에도 하나님은 없다. 하늘(天)이란 것은 있으나 그것은 인격적인 하나님이 아니다. 우주의 법칙 정도이지 초월자가 아니다. 그리고 유교는 내세를 전혀 언급하지 않는다. 시간상으로는 불교가 유교보다 한반도를 훨씬 오래 지배했지만 유교의 영향이 더 크게 남아 있는 것은 아마도 유교가 무속 종교와 유사하기 때문이 아닌가 한다.

모든 인간은 의식적으로나 무의식적으로, 다 삶의 의미 혹은 가장 가치 있다고 믿는 것을 추구하게 되어 있는데, 차세 중심적 세계관에서는 그것을 모두 이 세상에서 추구할 수밖에 없다. 그런데 차세 중심적 세계관을 가진 한국인에게 가장 가치 있는 것은 무엇일까? 나는 그것이 '출세해서 이름을 날리는 것'이라고 주장한다. 즉 입신양명(立身揚名)이다. 효경(孝經)에 보면 '효도의 기초는 우리 몸을 다치지 않는 것이고 효도의 극지(極止)는 입신양명(立身揚名)'으로 되어 있다. 유교에서는 효도를 가장 중요한 미덕으로 보는데, 효도를 가장 잘 하는 것은 출세해서 이름을 날리는 것이다.

노인들이 모인 자리에서 나는 가끔 이렇게 물어본다. "여러분의 자녀가 순종을 잘 하고 아침저녁으로 문안도 하고 용돈도 잘 드리는데 사회에서는 별 볼일 없다고 하자. 그런 아들이 효자라고 생각하는가? 아니면 아침저녁으로 문안 전화도 하지 않고 용돈도 별로 드리지 않고, 말도 잘 듣지 않는데 사회에서는 TV나 신문에 이름이 나오는 유명한 인물이 되는 아들을 효자로 생각하는가?" 노인들이 대부분 빙긋이 웃는다. 속으로는 후자를 효자로 보는데 따져보면 말이 안 되기 때문에 웃는 것이다.

유명하게 될 정도로 출세하려면 어떻게 해야 하는가? 1등을 해야 한다. 한국인만큼 1등을 좋아하는 국민은 없는 것 같다. 젊은 부모들에게 짓궂은 질문을 해 본다. "당신들의 자녀가 평균 75점을 받았는데 1등을 하는 것이 더 좋으냐, 아니면 95점을 받고도 3등을 하는 것이 좋으냐?" 대부분 또 웃는다. 75점을 받아도 1등을 하는 게 좋다고 하고 싶은데, 따져보면 말이 안 되기 때문이다.

학교에는 공부하러 가는 거지 1등 하러 가는 게 아니지 않는가. 그런데도 한국인들은 1등을 좋아한다. 이런 것이 차세 중심적 세계관의 전형적 특징이라 할 수 있다. 우리 모두가 한국적 세계관에 깊이 젖어 있다. 그러면 어떤 현상이 벌어지겠는가? 경쟁심이 엄청나게 클 수밖에 없다. 우리는 전 세계에서 가장 경쟁심이 강한 문화를 갖고 있고, 그 덕으로 한국은 빨리, 그리고 많이 발전했다. 좋은 말로 한국 사람은 근성이 부지런하다고 하지만 사실은 모두 1등을 하려고, 즉 남보다 앞서려고 하기 때문에 부지런할 수밖에 없다.

그래서 나는 우리 사회에서는 복지병이 매우 심각할 것이라고 걱정한다. 우리 문화에는 노동이 신성하다는 전통이 없기 때문에 자신에게 이익이 생기지 않으면 일을 하지 않을 것이다. 복지를 확대하면 세금이 높아질 수밖에 없다. 그래서 열심히 일해봤자 세금 내고 나면 자신에게 남는 것이 별로 없게 되고, 그러면 별로 일하려 하지 않을 것이기 때문이다. 마찬가지로 복지 혜택을 받는 사람도 근로 의욕이 없을 것이므로 사회 전체가 가난해지는 결과를 가져올 가능성이 크다.

남보다 앞서려고 서로 경쟁하면 불행해질 수밖에 없다. 한국 사람은 매우 불행한 것으로 드러났다. OECD 34개 국 중에서 32번째로 행복하고, 110개 국 중에서는 104번째로 생활의 만족을 느끼는 것으로 알려졌다. 세계에서 가장 불행한 민족 중에 속한다는 것이다. 이상하지 않은가? 이 정도의 경제 수준과 정치 민주화를 이루었는데 이렇게 불행하니 말이다. 이런 불행은 상대적 박탈감, 즉 나보다 앞서는 사람이 있으니까 느끼는 것이다.

이런 문화에 대해서 한국교회가 과연 근본적으로 비판했는가? 비판하기는커녕 오히려 거기에 함몰되고 말았다. 교회끼리도 경쟁하는 상황이 되었다. 아마 교회끼리 경쟁하는 나라는 전 세계에서 우리나라가 유일할 것이다.

Section 6 온전한 복음을 찾기 위한 해법, 다섯
도덕성 결여

경쟁이 심하면 페어플레이(Fair Play)가 이루어져야 한다. 그리고 경쟁이 제대로 되려면 룰 오프(Rule Off) 게임이 공정해야 한다. 축구다운 축구가 되려면 룰을 잘 지켜야 한다. 룰 자체가 공정해야 하고, 룰을 지키면 경기에서 져도 별로 억울하지 않다. 그런데 심판이 돈을 받고 잘못한 사람에게 벌을 주지 않고, 잘한 사람에게 벌을 주면 어떻게 게임이 되겠는가? 진 사람은 굉장히 억울하게 된다.

그런데 교회 간의 경쟁에서는 룰 오프 게임을 지키지 않는다. 가령 대형 교회의 버스가 온 시내를 돌아다니는 것을 보라. 이 행위가 바로 신사도에 어긋난 것임은 말할 것도 없고, 어떻게 공정한 게임이라고 볼 수 있는가? 그렇지만 우리는 이런 상황을 너무도 당연하게 생각한다. 말로는 우리 교회를 키워 하나님께 영광 돌린다고 하는데, 바꿔 말하면 자기 교회만 영광 돌려야 하고 다른 교회는 하나님께 영광 안 돌린다는 얘기가 아닌가? 경쟁하려면 적어도 페어플레이를 해야 한다. 사실 교회끼리 경쟁

한다는 게 참 이상하다. 어떻게 경쟁의 것이 되는가? 왜 경쟁의 것이 되는가? 경쟁적인 가치가 교회에 들어왔기 때문이다. 사랑은 경쟁의 것이 아니다. "저 사람이 너무 사랑한다. 내가 더 사랑해야지" 하고 질투하는가? 그들에게는 사랑, 희생과 같은 것은 경쟁의 것이 아니다. 그럼 뭐가 경쟁의 것인가? 하급 가치인 돈, 권력, 명예, 이것이 경쟁의 것이다.

한국교회가 교회끼리 경쟁한다는 것은 고급 가치인 사랑, 희생을 두고 경쟁하는 게 아니다. 돈, 교인 수, 사회적 영향력, 권력, 이것이 교회 안에서 중요한 가치가 되기에 경쟁의 것이 된다. 그래서 결국은 우리 한국교회에 성경적인 가치가 아니라 사회적인 가치, 세상적인 가치가 들어왔다. 그러다보니 교회가 순수한 복음, 온전한 복음으로부터 거리가 멀어졌다. 이를 솔직하게 인정해야 한다.

과연 이를 고칠 수 있을까? 성경이 가르친 가치관에 입각해서 교회를 운영해야 할 텐데, 이게 가능할까 상당히 걱정이다. 교회가 제대로 전도도 못하고 교인을 잘못 가르치게 되면 "교회를 폐쇄하고 교인을 더 좋은 교회로 보내자"라고 얘기할 수 있어야 한다. 그럴 용의가 있어야 한다. '분당우리교회'처럼 "우리 교회가 너무 크다. 나누자." 그럴 수 있어야 한다. 그런 교회가 얼마나 있나?

어느 교회 목사가 동역하다가 '저 목사는 나보다 설교를 잘하고 교인을 더 잘 돌본다. 나보다 저 사람이 목회하는 게 맞다.'

라고 인정하면 하나님나라의 가치가 작용하는 것이다. 그렇지만 그런 사람이 얼마나 되겠는가?

우리는 성경이 가르치는 기준에서 너무 거리가 멀다. 이러니 온전한 복음으로부터 멀리 떨어져 있을 수 밖에 없다. 그리고 이원론[1], 이게 적어도 종교개혁자들이 그렇게 강조한 하나님의 절대주권 이론이다. 한국교회 신학을 근본적으로 소위 개혁주의라고 한다. 그러므로 원칙적으로 장로교는 개혁주의에 입각해서 가르치고, 신앙 생활해서 이를 빨리 극복해야 한다. 하나님은 단순히 교회, 영혼, 성도들만의 하나님이 아니라 온 우주의 하나님이시다.

서울의 어느 큰 교회 목사가 설교 시간에 "아무개 집사는 회사에 가서 하루 종일 말씀을 묵상하는 훌륭한 신자"라고 얘기했단다. 하지만 나는 그 말을 듣고 그 집사는 당장 해고되어야 한다고 생각했다. 회사에 가서 일을 안 하고 말씀만 묵상하면 그게 좋은 신앙인가? 하나님은 말씀을 묵상하는 것만 기뻐하고, 회사 일을 충실히 잘 하는 것은 전혀 기뻐하지 않는다는 이원론적 생각을 바꿔야 한다(요즘 젊은이들 사이에 이런 것이 강조되는 것 같아 다행이다).

---

[1] 사실은 성경이 가르치는 하나님은 영혼의 하나님, 하늘 나라의 하나님일 뿐만 아니라 우리 육신의 하나님이기도 하고, 이 사회의 하나님이기도 하고, 모든 것의 하나님이다.

Section 7 온전한 복음을 찾기 위한 해법, 여섯
공동체 문제

문화는 중요하다. 과거에 우리 인간은 그리스적인 사고 방식(인간에게는 영혼 이성이 있기에 모든 사람이 동일한 영혼 이성을 갖는다)을 가졌기에 완전 개인적이었다. 개인주의가 그래서 생겨나는 것이다. 다 독립적인 이성을 가지고 있다고 생각한다. 라이프니츠Gottfried Wilhelm Leibniz는 단자론을 주장했다. 우리 의식은 그의 표현대로 창문이 없다고 했다. 외부에 영향을 받지 않는다는 얘기다. 지식은 하나님이 미리 인간에게 주입했기에 외부에 영향을 전혀 받지 않는다는 것이다. 그 정도로 개인주의적이었다. 사회는 그 정도의 개인주의는 아니었지만, 철학적 사상은 개인주의적이었다. 이성을 믿었기에 그렇다.

사람은 주위 사람의 영향을 엄청나게 받는다. 19세기 이전에는 사회가 사람에게, 공동체가 사람에게 영향을 준다는 것은 별로 생각지 않았다. 19세기 들어와서 일련의 철학자들이 사회는 중요하다, 사회가 영향을 준다는 생각을 하기 시작했다. '사

회'라는 단어가 옛날에 우리나라에는 없었다.[2] 그렇지만 지금은 '사회'를 빼면 글도 못 쓴다.

서양에서는 벌써 주전 1세기에 키케로^{Marcus Tulliut Cicero}라는 사람이 '사회'라는 단어를 썼다. 존 로크^{John Locke}도 이 용어를 사용했다. 그러나 그때 사람들이 사용한 사회와 오늘 우리가 이해하는 사회는 전혀 다르다. 오늘 우리가 이해하는 사회는 인간에게 상당한 영향력을 행사하는 사회다. 그때는 사회를 그저 사람들이 모인 것 정도로 이해했다. 지난 세기에 미국의 사회학자 조지 미드^{George Herbert Mead}라는 사람이 한 유명한 발언이 있다. "I am What I am as the society makes me." 번역하기가 까다롭지만 "나는 바로 사회가 만든 것이다." 정도로 이해하면 될 것이다. 그 정도로 사회라는 것이 중요하다는 것을 말한 것이다.

왜 우리가 한국 사람인가. 한국 사람의 피 속에 무슨 태극기가 들어있고 한반도기가 들어있어서 그런가? 아니다. 한국 사회에 살았기 때문에 한국 사람이 된 것이다. 일본 사람은 왜 일본 사람이 되었는가? 일본 사회에 살았기 때문이다. 그만큼 사회는 중요하다.

이건 단순히 국가, 지역 사회 뿐만 아니라 교회와 가정도 마찬가지다. 어떤 사람이 어떻게 되었느냐는 그 사람이 속한 사회

---

[2] 1800년에 만들어진 '한불자전(韓佛字轉)'을 네덜란드 도서관에서 우연히 발견했다. 한불자전은 프랑스 가톨릭 선교사들이 와서 만든 사전이다. 재미있어서 사전 단어를 쭉 찾아봤다. '사회'라는 단어가 없다. 1800년대에는 사회라는 말을 사용하지 않았다는 게 드러났다.

의 영향을 절대적으로 받는다(결정적으로 받는다는 것은 지나치다). 사람에게는 비판적인 능력, 자유 의지가 있고, 사회를 초월할 수도, 바꿀 수도 있다. 그러나 사회의 영향을 상당히 많이 받는다는 것을 알 필요가 있다.

이것을 이해하면 교회가 얼마나 중요한지를 알 수 있다. 신앙은 혼자서 자라지 않는다. 신앙 공동체 안에서 같이 자란다. 절대로 나쁜 교회에서 좋은 신자가 나올 수 없다. 교회가 잘못되어 가는데 그 안에 어떤 교인이 독야청청, 깨끗하게 신앙 생활을 할 수 있는가? 거의 불가능하다('절대로 불가능하다'고 말하고 싶지만 과장이라고 생각할 수도 있을 것 같아 표현을 바꾼다).

지금 온전한 복음, 동시에 온전한 공동체를 회복하자는 내용으로 얘기를 하고 있는데, 이상적인 공동체를 x라고 상정해 보자. 그리고 현실에 처해있는 구체적인 교회를 y라고 하자. y가 x쪽으로 가까이 가야 온전한 공동체로 가는 게 아닌가? 거꾸로 세상과 비슷하게 가면 회복이 아니라 타락하는 것이다.

Section 8 온전한 복음을 찾기 위한 해법, 일곱
유무상통

한국교회를 어떤 교회로 만들 것인가? 성경이 가르치는 공동체로 나가야 할 텐데 성경에서의 모델은 두 군데다. '초대 예루살렘 교회'와 '안디옥 교회'다. 다른 교회는 상세히 가르치지 않기에 두 군데가 모델로 남아 있다. 상세히 다 알 수 없으나 물질적인 것을 보면 예루살렘 교회는 '유무상통(有無相通)'했다. 성도들이 재산을 팔아 사도들 발 앞에 내어놓는다. 안디옥 교회도 흉년이 들어서 유대교인들이 고통당하는 것을 알고 연보(捐補)해서 처음으로 국제 헌금, 구조를 했다. 적어도 재물에 관한 한 두 교회는 오늘날 우리와는 전혀 다르다. 물질의 가치가 오늘만큼 중요하지 않았다. 물질의 가치를 단순히 돈의 가치에 국한하는 것이 아니라 소위 하급 가치, 제로섬(zero-sum) 관계에 있는 모든 가치를 상대화했다. 적어도 초대교회는. 물론 그때 사회 분위기도 물질주의적인 것은 아니었을 것이다. 그럼에도 불구하고 예수님은 물질과 하나님을 겸하여 섬길 수 없다고 했다. 복음서에 나타난 비유 가운데 가장 많은 비유가 물질과 관계가 있다. 그럴 만큼 그 시대도 물질이 상당히 중요했음이 틀림없다.

오늘 한국교회가 모든 것을 다 고칠 수 없지만 가장 기본적인 것부터 고쳐나가야 한다.

먼저, 오늘의 우상을 제거해야 하는데 오늘의 우상은 분명히 돈이다. 이건 부인할 수 없다. 이 세상에서도 돈이 신이고, 한국교회도 돈이 우상이 되어 있다. 한국 그리스도인들은 상당할 정도로 돈의 우상을 섬기고 있다. 조금 급진적으로 주장하지만, 한국교회가 돈을 무시하기 전에는 절대로 개혁이 안 된다. 과장인지는 몰라도 돈, 명예, 권력은 교회에 중요하지 않아야 한다.

어느 대학의 이사장으로 있을 때 차를 몰고 다니는 기사에게 전도한 적이 있다. 젊은 사람인데, 그 사람이 말하기를 "저 같은 사람은 교회 못 갑니다." 기사 신분으로는 교회에 못 간다는 것이다. 그 사람이 그렇게 생각한다면 한국교회는 심각하다. 예수님과 너무 다르지 않는가. 예수님은 누구에게 찾아 갔는가? 병든 자, 가난한 자, 소외받는 자를 찾아 갔다. 그런데 지금의 한국교회에는 그런 사람이 들어올 수 없다. 그러니까 교회다운 교회가 되려면 적어도 세속적인 가치는 정말 중요하지 않다는 것을 인식하고 교회가 실천해야 한다.

교역자부터, 중진부터 돈에 대한 생각을 조금씩 씻어내리려고 노력해야 한다. 서울영동교회에서 처음 설교할 때 집사들이 헌금을 계산해서 보고하려고 왔다. 다시는 보고하지 말라고 했다. 나는 교회 헌금이 얼마나 들어왔는지 알기를 원치 않는다. 목사들에게도 부탁한다. 목사들은 돈에 대해 간섭하지 않는게 좋다. 영적인 일을 하는 사람들은 돈과 거리가 멀수록 좋다. 사고가 나지 않도록 제도를 잘 만들어놓고, (미안하지만) 집사들이 돈을 관리하도록 하는 게 좋다.

정신적인 활동하는 사람은 돈, 권력, 명예에 관심을 두기 시작하면 타락한다. 제대로, 창조적으로 할 수 없고, 공정하게 판단할 수 없다.

이렇게 세속적인 가치가 상대화될 때 비로소 교회 안에서 차별이 없어질 것이다. 가난한 자와 부자, 명예 있는 사람과 명예 없는 사람, 이 세상적인 차별이 교회 안에서는 없어질 것이다. 그렇게 될 때 진정한 공동체가 형성될 것이다. 교회 안에는 부자인지, 권력이 있는지 전혀 중요하지 않은 공동체가 되어야 온전한 공동체가 되지 않을까 생각한다.

그렇게 되면 서로를 도와줄 수 있고 위로할 수 있을 것 같다. 사실 한국교회가 한창 성장했을 때 한 가지 잘한 것이 어려운 사람을 돌보는 것이었다. 1970~1980년대 인구 이동이 엄청나게 이루어졌을 때, 그 전까지 한 지역에서 아는 사람이 살다가 갑자기 산업화가 이루어지면서 공장 지역으로 인구가 이동했다. 오랜 지역, 한 지역에서 뿌리박았던 사람이 다른 지역으로 가니까 뿌리가 뽑혀서 외로움을 느꼈다. 그때 교회가 이들을 받아들였다. 그게 교회 성장에 큰 도움이 됐다. 지금 교회 성장이 주춤해 진 이유 가운데 하나는 사람들이 정착했기 때문이다. 이제 인구 이동이 옛날만큼 심하지 않다. 사람들이 별로 외롭지 않다. 그러니 교회의 역할이 상당히 줄어들 수밖에 없다.

교회 안에는 초대교회만큼 유무상통하지 못할지라도 그래도 마음 놓고 이야기할 수 있어야 한다. 교회는 경쟁하는 자리가 아니다. 우리의 심금을 털어놓고 얘기할 수 있어야 하고 슬픔, 기쁨을 얘기하고, 함께 기뻐하고 슬퍼할 수 있어야 한다. 사회에서 이런 섬을 만들어야 한다. 이렇게 하려면 교회가 작아야 한다. 크면 안 된다. 교회가 크니까 장례식도 많다. 그러니 교인이 모두 가보지도 못하고 조를 나눠서 기계적으로 가게 된다.

슬픈 일, 기쁜 일을 같이 한다는 게 굉장히 중요하다. 우리나라는 자살율이 높은데 그 이유 중 하나는 너무 외롭기 때문이다. 아무도 같이 고민해 주지 않고, 같이 슬퍼해 주지 않고, 기뻐해 주지도 않고, 괴로워해 주지도 않는다. 교회가 그것을 제공해 줄 수 있어야 한다.

교회가 크면 자연히 유혹도 커진다. 어떤 사람이 1만 원을 줄 테니 0.1을 0.2라 하라고 하면 1만 원을 받고는 하지 않는다. 그렇지만 10억 원을 줄 테니 0.1을 0.2라 하라고 하면 유혹이 생긴다. 그러면서 "10억 원을 받아서 가난한 사람도 주고, 선교회도 쓰면 얼마나 좋나, 내가 정직하지 못한 게 그리 중요한가. 얼마나 많은 사람에게 큰 도움을 줄 수 있는데…." 하면서 정당화한다.

왜 큰 교회 목사가 타락하는 줄 아는가? 파이가 너무 커서 유혹을 받기 때문이다. 코끼리가 왜 강대상에 올라가는가? 비스킷이 있기 때문이다. 그래서 교회는 큰 게 좋지 않다. 권력도 너무 크면 그것을 웃긴다고 생각하는 사람만 가질 자격이 된다. "와~" 하는 사람은 가지면 안 된다. 돈도 마찬가지다. 워런 버핏 Warren Buffett 같이 돈을 웃긴다고 생각할 만큼 대담한 사람이라야 돈을 가질 자격이 있다. 권력도 학식도 그렇다.

큰 교회를 만들려고 하지 말고 작은 교회에서 서로 유무상통할 수 있는, 유무상통까지는 아니라도 서로에게 관심을 쓸 수 있는 공동체를 여기저기 많이 심어놓으면 전도가 될 것 같다. 성경에서는 분명히 "아무 일이든지 다툼과 허영으로 하지 말고 각각 겸손한 마음으로 각각 자기보다 남을 낫게 여기고 나의 기쁨을 충만하게 해야 한다"고 말한다.

다른 사람에게 관심을 가져라. 너무 자기 속에 갇혀 있다. 이게 세속적 가치에 너무 충실하기 때문이라고 해석한다. 이런 공동체가 형성될 때 우리 모두가 득을 본다. 서로 나만 편하게 살겠다고, 나만 잘 살겠다고 하면 결국 자기도 손해 본다. 조금 양보하고, 손해 보고, 지고, 다른 사람과 같이하면 결과적으로 훨씬 이익이 된다. 합리적 이기주의가 진짜 이기주의다. 자기가 득을 보는 게 이기주의다. 손해 보면 득을 본다. 내가 득을 봐야지 그러면 손해를 본다. 공동체도 깨진다.

온전한 복음과 공동체는 같이 간다. 온전한 공동체를 이룰 때 온전한 복음이 빨리 회복될 수 있다. 그래서 공동체의 중요성, 교회의 중요성을 다시 한 번 심각하게 생각했으면 좋겠다. 별로 어렵지 않다. 간단하다. 손해 보면 된다. 대단한 손해를 보는 게 아니다. 장기려 박사처럼 되면 좋지만 그 정도가 아니라도 조금만 손해 보자. 그러면 득을 볼 것이다. 하나님이 말씀하셨고 많은 성도의 경험이 그렇다. 절대 손해 보지 않는다. 결과적으로 득을 본다. 그러면 온전한 복음이 우리 사이에 성취가 되는 게 아닐까 생각한다.

뉴스앤조이

결혼과 가정의 회복을 위한 비전

한영주
한국상담대학원대학교 교수

Section 1 시작하는 이야기
소박한 마중물을 붓고자 한다

"이렇게 살아도 괜찮은가?" 이 물음 속엔 이미 "아니오, 이렇게 살아서는 절대 안 되죠"라는 답이 내포되어 있는 것 같다. 그렇다. 이 시대는 여러 면에서 '점점 더 나아지고 있다, 나아질 것이다'라는 희망을 이야기하기 어려워 보인다. 다섯 살짜리 꼬마가 "갈수록 사는 게 힘들어 죽겠어!" 하는 말에 큰 웃음을 짓지만, 한편으로는 그 말에 깊이 공감되는 것이 솔직한 우리의 현실이다. 특히 이 글의 주제인 '결혼과 가정'이라는 문제는 이미 다양한 사회적 문제의 근원이자, 희망 없는 이 시대의 심각성을 드러내는 단적인 예로 끊임없이 거론되어 왔다. "헐~"하고 입을 다물지 못하게 만드는 이혼율의 숫자[1], 부

---

[1] 2011년, 우리나라 이혼율이 47.4%로 미국과 스웨덴에 이어 3위라는 발표에 이어, 2012년에는 우리나라 이혼율이 OECD 국가 중 1위라는 충격적인 뉴스가 떠돌기도 했다. 그렇지만 이는 당해 년도 결혼 수와 31년간의 누적 이혼 수를 잘못 대비한 통계치다. 결혼 가능 연령 인구와 전체 인구를 대비한 이혼 건 수인 '유배이혼율'로 보면 2009년에는 인구 천 명당 10.2건, 2011년에는 인구 천 명당 9.4건으로 OECD 국가 중 10위권이라 할 수 있다. 대략적으로 총 혼인 수와 총 이혼 수를 대비하면 9.3%로 약 10쌍 중에 한 쌍 정도가 이혼

모 자녀 간의 패륜적 사건들, 도저히 이해할 수 없는 가정 폭력과 아동 학대 사건 등 충격적인 일들이 이미 식상하게 느껴질 정도로 우리 시대의 가정은 심각하게 파손되어 있다. 하지만 동시에 거의 모든 사회, 개인적인 문제 해결의 노력 속에 '가정의 회복'이라는 주제가 빠지지 않을 만큼, 가정이 현재, 이 시대 문제 해결의 열쇠이자 희망의 시작이라는 점에는 대부분의 사람이 동의하고 있기도 하다.

심각하게 파손되었지만 동시에 희망의 시작점이 될 수 있는 '결혼과 가정의 회복을 위한 비전'이라는 거대한 주제를 받고 무척 부담스러웠다. 부담감을 느끼고 현시대 가정의 모습을 자세히 들여다보기 시작하면서, 문제의 시작과 끝을 구분할 수도 없을 만큼 깊은 구덩이에 빠지는 절망감이 들기도 했다. 그리고 이 시대 가정의 어두운 모습에 초점을 맞추고 그 근원에 대해 고민하면서, 끊임없는 비판 의식이 내 안에서 마구 생겨나는 것을 발견했다. 그러나 이 시대의 결혼과 가족 문제, 그 원인과 실상을 들여다보면서, 내가 비판하고 드러내야 할 시대의 문제, 가정의 문제가 사실은 바로 나의 것이고, 나와 우리 가정 또한 이 허다한 문제들을 고스란히 담고 있는 시대정신의 일부라는 사실에 직면하게 되었다. 수많은 이론과 상담 사례를 통해 문제를 비

하는 것이 우리나라의 현실이라 할 수 있다. 연령으로 본다면, 가장 높은 이혼율을 보이는 연령은 40대 초반이고, 50대 이상의 이혼 또한 2001년 이후 계속 증가하는 추다. 또한 4년 미만의 커플이 전체 이혼율의 27%를 차지하며 그 수치 또한 계속 증가하는 추세다(출처 : 통계청, 2012).

판하는 것은 쉬운 일이지만, 내가 말하는 그 비판에서 결코 자유롭지 못하고 나 자신의 모습을 직면하고 성찰하는 과정이 녹록지 않았다는 점을 먼저 말씀드리고 싶다. 이 모든 이야기가 다른 사람의 이야기가 아니라, 바로 내 이야기이며 내가 바꿔 가야 할 우리 가정의 모습이기도 하다. '새로운 삶을 위한 마중물', 과연 이 시대의 모순에서 자유롭지 않은 내가 새로운 것을 제시할 수 있을지에 대한 고민이 컸다. 하지만 다행인 점은 '마중물'이라는 부분, 그저 몇 바가지를 부어서 함께 지속적으로 만들어 가야 할 큰 흐름의 첫걸음이라는 점을 기억하면서 이 글을 준비하였고, 그런 노력의 한 걸음으로, 바로 나의 고민을 함께 나누고 싶다.

과연 우리는 그리스도인으로서, 이 시대의 '결혼과 가족'에 대해 어떤 비전을 제시할 수 있을까? 그리스도인은 현실 세계와 영적 세계에 양 발을 걸치고 있는 사람들, 다른 말로 하면 '지금(현재)'과 '아직(미래)' 사이의 긴장 속에 살고 있는 중간자적 존재다. 존 스토트 John Stott 는 현대를 살아가는 그리스도인(Contemporary Christian)의 사명을 '이중적 귀 기울임'이라고 표현한 바 있다.[2] '이중적 귀 기울임'이란 우리가 속한 양쪽 세계의 목소리를 듣는 것, 즉 지금 우리가 살고 있는 이 시대의 목소리에 귀를 기울임과 동시에, 하나님께서 이 시대를 향해 하시는 말씀을 듣는 것이다. 성경적인 비전을 제시하기 위해서는 우선 현시대의 이야기를 더욱 충분히 듣고, 자세히 보고, 이해하고 있

---

2) 《현대를 사는 그리스도인(Contemporary Christian)》(존 스토트, 규장).

어야 하며, 그와 동시에 하나님 말씀의 빛으로 시대의 모습을 해석하고 성경적 대안을 모색하는 노력을 해야한다는 의미다. 따라서 나는 우선 2013년에 많은 사람의 공감을 얻은 영화 '고령화 가족'을 살펴보면서 현시대가 진단하는 가족의 모습을 자세히 살펴보고자 한다. 오늘의 한국 사회가 스스로를 어떻게 진단하고 어떠한 해법을 제시하고 있는지, 자세히 들을 수 있는 기회가 될 것이다. 이를 통해 현시대가 요구하는 핵심이 무엇인지, 그리스도인으로서 이를 어떻게 해석하고, 성경적으로 어떤 대안을 마련할 것인지 고민하면서, 하나님께서는 어떠한 시각으로 이를 바라보시는지, 하나님의 비전을 받아보기 위한 소박한 마중물을 붓고자 한다.

Section 2 영화 속 가족 이야기
'고령화가족'

영화 '고령화가족'은 삼 남매의 평균 나이 47세, 제목 그대로 고령화되어 다시 한 지붕에 모인 가족들의 찌질하고 궁상맞은 이야기를 그리고 있는 영화다. 교도소를 제집 드나들 듯 하는, 그야말로 백수건달의 전형을 보여 주는 큰아들 '함모'와 단둘이 살고 있는 '엄마', 그리고 집안의 기대주였던 둘째 아들 '인모'가 엄마의 집에 다시 합세하면서 이야기는 시작된다. 집안의 유일한 '대졸자' 인모는 자신의 예술혼을 담은 영화가 실패하고, 설상가상으로 부인의 외도와 밀린 월세 등 바닥 인생의 전형을 살다가 자살을 결심하는데, 결정적인 순간에 엄마한테서 전화가 걸려 온다. "인모야, 너 좋아하는 닭죽 먹고 가"라는 엄마의 한마디에 인모는 죽을 마음을 거두고 엄마 집으로 들어온다. 그리고 두 번의 결혼을 끝낸 막내 딸 '미연', 그야말로 까질 대로 까진 중학생인 미연의 딸 '민경'과 함께 실패한 결혼의 끝에서 엄마 집에 들어오면서 본격적인 '고령화가족'의 일상이 진행된다. 조카에게 "누구세요?" 하고 묻는 함모와 민경의 만남에서 볼 수 있듯이, 5명의 가족이 다시 모인 것은 자발적인 해후가 아니라 대안이 전혀 없었기 때문이다. 조카의 용돈을 갈취하고 공갈 협박으로 피자를 뺏어 먹는 삼촌들, 만나기만 하면 힘으로 서로를 제압하려 하면서도 여동생을 쫓아내려는 목적하에 잠시 '협조'하는 두 형제, 나이 사십이 되어 엄마에게 만 원만 달라고 하는 아들들, 서로 욕을 달고 사는 가족의 가족답지 않은 풍경이 스크린에서 계속 그려진다. 갈수록 '진정한 막장 드라마'를 보여 주면서 '과연 이 가족이 회복될 수 있을까?' 하는 한숨이 나온다. 결국 조카 민경의 가출 및 납치라는 극단적 사건이 발생하고, 이 사건 속에서 막장 가족의 가족애와 대단결이 진행되는 것으로 이 영화는 해법을 찾고 있다. 영화적 요소들의 우여곡절 끝에 각자 자신의 길을 가게 되는 해피엔딩으로 '고령화가족'의 이야기는 마무리된다.

이 영화 속 자식들은 그야말로 이 시대의 전형적인 실패자를 대표하는 인물들이다. 만일 현실에서 내가 이런 자식들을 둔 어머니라면, '자식 농사에 완전히 실패한' 자신의 팔자를 한탄하며 상담실에 가서 울고불고해도 모자랄 것 같다. 그런데 아이러니하게도 이 어머니는 계속 아이들에게 고기반찬을 해 먹이면서 한 번의 야단이나 신세 한탄 비슷한 발언도 하지 않는다. 오히려 세 번째 결혼을 하는 딸을 진심으로(?) 축복하고, 영화감독을 한답시고 집안을 들어먹고 실패한 아들을 자랑스런 미소로 거두며, 감방 갔다 온 백수 큰아들이 손녀의 팬티를 뒤집어써도 아들을 두둔한다. 그러면서 마당에 핀 꽃 한 송이를 보면서 "화단에

꽃이 너무 예쁘게 피었다. 꼭 엄마처럼 말야!" 하며 배시시 웃는다. 이쯤 되면 '정신이 반쯤 나간 무개념 자포자기 아줌마, 아니면 이 세상에 실재하지 않는 천사가 둔갑한 것이 아닐까' 하는 생각마저 든다.

이 영화를 보면서 '우리 가족은 저 정도는 아니야!'라고 스스로 안도의 마음을 갖는 분들이 있을지도 모르겠다. 그러나 한 시대의 예술 작품은 그 시대의 거울이라는 면에서, 대중의 큰 공감을 받은 이 영화는 이 시대의 모습을 상징적으로 담고 있다고 볼 수 있을 것이다. 또한 나는 이 시대의 한 부분이기 때문에 이 영화 속 주인공들의 모습은 나와 전혀 무관한 것이 아니라, 실상은 어딘가 모르게 나의 한 부분을 보여 주고 있는 것이라고 말할 수 있다. 영화를 자세히 보다 보면, 인물의 설정과 스토리가 코믹하고 극단적이기는 하지만 이 시대 가족상의 한 단면을 그대로 보여 주는 설정이라는 점과 무언가 내 마음에 공명을 일으키는 부분이 있음을 느끼게 된다. 나는 이 영화 속 가족의 모습에서 우리가 살고 있는 현시대 가족상이 핵심적으로 투영되어 있음을 발견할 수 있었다. 영화 속에서 현재 나와 우리가 살고 있는 모습, 우리 가정의 모습을 일정 부분 발견할 수 있으며, 이 시대의 목소리를 들을 수 있었기 때문에 이 영화 속 가족의 모습을 나의 경험과 더불어 좀 더 살펴보고자 한다.

Section 3 상담실 속 가족 이야기
가족 구성원을 중심으로

나는 상담학을 가르치고, 실제 상담을 진행하고 있는 상담자다. 상담이 '정신이 이상한 사람들'만 찾는 곳이 아니라, 누구나 만날 수 있는 수많은 갈등 상황에서 자신을 돌아보고 문제를 해결하고자 하는 사람들이 선택할 수 있는 대안 중의 하나라는 인식은 이제 어느 정도 보편화되었다. 사람의 마음에 대한 전문적 지식과 경험을 가진 상담자와의 만남을 통해 당면한 문제를 더욱 효율적으로 해결하고 새로운 힘을 찾고자 하는 내담자들을 만날 수 있는 장면이 바로 상담이다. 그렇기 때문에 상담 장면에서는 현시대의 대표적인 고통과 어려움들을 만날 수 있고, 문제없이 바삐 돌아가는 것 같은 사람들의 일상 속 내밀한 문제들을 그대로 접할 수 있다. '고령화가족' 영화 속의 각 가족 구성원을 살펴보면서, 특히 내가 그동안 상담 장면에서 만나온 이 시대의 고통을 가족과 관련된 문제들과 연결하면서 자세히 살펴보겠다.

민경,
힘겨운 청소년

요즘 상담실에서 가장 많이 만날 수 있는 내담자가 바로 '민경'과 같은 청소년, 그리고 그 자녀를 데리고 오는(더 정확하게는 끌고 오는) 학부모다. 대개 상담자를 찾아올 때쯤이면, 이미 외적인 문제가 터졌거나 아니면 곪아서 터지기 직전의 상황인 경우가 많다. 예를 들면 학교 폭력 피해 혹은 가해 문제, 가출이나 비행 문제, 학업 부진이나 진로 선택 문제, 우울이나 자살 시도 등이 대표적인 호소 문제다. 그러나 실제로 청소년들과 상담을 진행하다 보면, 1차 내담자인 이들이 가장 심각하게 호소하는 부분은 대인 관계인 경우가 대부분이다. 상담 초기에는 친구 관계, 즉 동성 친구나 이성 친구와의 관계 문제를 가장 힘들다고 이야기하지만, 결국 상담이 진행되면서 대부분의 어려움이 가족 문제로 귀결되는 경우가 많다.

청소년기는 생애 초기, 중요한 대상이었던 부모에게서 심리적 독립을 달성하는 발달 과제를 갖는 시기다. 우리 모두 청소년 시절, 부모님을 비롯한 어른들의 세계가 '구식'으로 보이면서 또래 친구들 사이의 가치와 시각이 훨씬 '절대적'으로 느껴지는 경험을 했다. 부모님보다는 친구가 더욱 중요해지고 친구들에게서 받는 영향력이 압도적으로 커지면서, 친구 관계에 민감해지는 것이 청소년기의 대표적 특징이다. 친구 관계에 민감해지고 또래의 압력을 크게 느끼는 것은 자연스러운 현상이지만, 내가 상담이나 심리 교육 프로그램에서 접하고 있는 요즘 청소년들의 친구 관계 문제는 이전 세대가 알고 있는 '정상적 발달상의 어려움'으로만 보기 힘든 심각한 면이 있다. 이미 학교 폭력에 관한 사건과 기사들이 미디어에 많이 노출되었지만, 실제 우리나라의 학교 현장은 '무엇을 상상하든 그 이상'이라고 보면 된다. 가장 심각한 부분은 교실 내 폭력의 일상성과 일반화다.

학교 폭력이라는 사건에 직접 연루된 경험이 있든 그렇지 않든 간에, 내가 경험한 바로는 교실 안, 대부분의 아이들이 '왕따 공포증'에 시달리고 있다. 특히 한두 번 '왕따'[3]가 되어 그 잔인함을 경험한 아이들은 오랫동안 심각한 상처, 즉 트라우마(trauma)를 안고 살아갈 뿐 아니라, 다시는 그런 경험을 당하지 않기 위해 자신의 모든 정체성을 포기하고 집단 역동[4]에 더욱 적극적으로 순응하여 가해 역할을 하거나 아예 모든 관계에서 차단된 삶을 선택하기도 한다. 이러한 영향력은 청소년기를 넘어 개인의 생애 전 과정에 결정적 영향력을 미치기도 한다. 그

---

3) 현재 통용되고 있는 '왕따'는 집단 따돌림의 대상이 되는 개인을 지칭하기도 하고, 한 명을 집단적으로 괴롭히는 현상을 말하기도 한다. 집단 따돌림에는 신체 폭력만이 아니라, 언어 및 소셜 미디어 등의 다양한 방법으로 괴롭히는 정서적 괴롭힘이 포함되는데, 특히 여학생의 경우는 '은따(은근한 따돌림)'와 같이 간접적이고 소극적 형태가 더욱 심각하다.

4) 현재 우리나라의 학교 폭력 문제는 피해자나 가해자의 개인적 차원에서 접근하는 관점에서 벗어나, '항상 피해자를 양산해야 하는 집단 역동'이 팽배한 우리나라 교실 자체에 초점을 맞춰야 한다. "문제는 썩은 사과가 아니라, 항상 썩은 사과를 만드는 사과 박스의 문제다"라고 비유했던 필립 짐바르도의 '악의 심리학' 관점으로 이 문제에 접근하는 것이 현재 우리나라의 학교 폭력 문제에 대한 적절한 접근일 수 있다. 《루시퍼 이펙트》(필립 짐바르도(Philip George Zimbardo), 웅진하우스)를 참조하라.

러나 더욱 심각한 점은 왕따에 직접적으로 개입된 경험이 없는 아이들의 경우에도, 교실 내에서 늘 진행되고 있는 '왕따' 현상에 적극적, 소극적, 혹은 방관적으로 참여하고 있기 때문에 그 영향을 계속 받고 있다는 점이다. '왕따 당할 만한 아이'가 있는 것이 아니라, 누군가는 '희생자'가 되어야만 하는 집단 역동 속에서 아이들은 피해자, 가해자, 혹은 방관자로서 끊임없는 갈등을 겪고 내적·외적인 고통을 당하고 있다.

장애를 가진 친구를 괴롭히는 행동에 반기를 들고 막아섰던 한 중학생 내담자의 경우, 학교 차원에서 정당한 처벌과 대책 마련으로 사건은 마무리되었지만 그 이후 자신에게 돌아오는 집단 역동의 괴롭힘에 극한 우울과 자살 사고를 겪어야 했다. 필립 짐바르도 Philip George Zimbardo의 실험에서 집단의 불의에 반기를 든 개인은 '영웅'[5]이 되었지만, 우리나라 교실에서 영웅은 다시금 '폭력성의 집단 역동'에 의해 처벌을 받아야 하는 현실이다. 그렇기 때문에 우리는 아이들에게 섣불리 '영웅' 그 비슷한 역할을 하라는 말을 하기 어렵다. '이건 정말 아닌데' 하는 양심의 소리, 정의감을 감지하면서도 함부로 나서거나, 언급하지 않고 수동적으로 동조하게 되면서, 우리의 아이들은 결국 '내 일 아닌 일'에 무감하게 되는 법을 교실에서 체득하게 된다. 마치 서서히 데워져 죽어 가는 물 속의 개구리처럼, 폭력의 일상화가 진행된 교실에

---

5) 필립 짐바르도는 참여자들에게 윤리적이지 않은 고통을 가져왔던 실험에서, 이에 반기를 든 실험 조교로 인해 실험을 중단했던 경험을 제시하며, 불의한 시스템에 반기를 드는 개인 이야말로 변화의 시발점이 되는 '영웅'임을 강조한다.

서 아이들은 자신의 양심을 죽이고, 타인의 고통에 대한 무감함을 키우면서, 혹은 가해의 순간적 쾌감을 학습하면서 '적자생존, 각자도생'의 법을 몸에 익혀 가는 것 같다.

청소년기에 친구는 생명과 같은 것이다. 그러나 내가 만난 현재 우리나라 청소년들에게 그 생명은 소중하고 귀한 것이라는 의미보다는 '살아남기 위한 도구', 오히려 생존에 가까운 것이었다. 왕따에서 살아남기 위해, 수행평가를 잘하기 위해, 찌질해 보이지 않으려면 어딘가에 소속 되어야 하므로 필요한 생존의 필수 요소가 바로 친구이고, 내가 속한 '친구 그룹'이다. 초등학교 입학 때부터 엄마가 만들어 줘야 하는 '또래 그룹'이 청소년기와 청년기까지 이어 오기도 하기 때문에, 엄마의 역할도 한 몫을 한다. 그러나 핵심은 이 안에 진정한 인간 관계, 즉 서로 간의 신뢰가 과연 어느 정도인가의 문제일 것이다. 모든 내신 성적이 대학 입학의 자료가 되는 무한 경쟁의 분위기에서, 예전처럼 '가장 좋은 친구가 가장 좋은 경쟁자'가 되기는 어렵다. 내가 점수를 1점 더 받으려면 내 옆 친구의 점수를 1점 낮춰야 하는 상황에서 "우리 같이 잘하자"는 말은 어불성설이 된 것이 우리 시대 청소년들이 살아가는 환경이다. 병든 환경 속에서 '정상'으로 살아가는 것이 과연 정상일 수는 없는 것이다.

미연,
문제아 뒤의 문제 부모

'모든 문제 자녀 뒤에는 문제 부모가 있다.' 상담자들 간에 보편적으로 받아들이는 명제다. 드러나는 문제는 대개 자녀 개인의 것이 많지만, 사실 그 밑에는 가족 전체의 문제가 자리를 차지하고 있고, 가정에서 가장 약자에 해당하는 자녀가 문제를 가시화하는 역할을 맡는 것뿐이라는 의미다. 그래서 문제를 갖고 상담을 찾아오는 개인을 '확인된 환자(IP, Identified Patient)'라고 부르기도 한다. 가족은 구성원 개개인이 각자 잘하는 것보다는 서로가 매우 밀접하게 연결된 유기체, 즉 생명체와 같은 것이다. 따라서 "우리 가족 문제는 저 아이(가족 내의 IP) 하나야"라는 말은 타당하지 않다. 발가락 하나가 아프면 온몸이 영향을 받는다. 신체 한 부분의 통증은 우리 몸 전체 어딘가가 잘못되어 있다는 표지(알림)이기 때문이다.

중학생 아들의 친구 관계 문제로 상담하러 왔던 한 어머니는 "부부 갈등을 아이들한테 티 내지 않으려고 엄청난 노력을 했기 때문에 아이가 그것 때문에 힘들어할 리가 없다"고 이야기한다. 하지만 결국 어머니가 아무리 차단하려고 해도 가족이란 존재 자체가 유기적이기 때문에, 부부 갈등이 아이의 문제에 핵심적 영향을 주고 있는 것이 명백했다. 이런 관련성을 인정하는 것은 대부분 쉽지 않은 일이고, 시간도 많이 걸린다. 이 어머니의 경우, 아이가 상담하러 온 일 년 후에야 부부 문제로 다시 상담을 시작하게 되어 바람직한 결과를 얻게 되었다.

많은 부모님이 아이들에게 '가장 좋은 것'을 해 주기 위해 열심히 일하고 인생을 바쳐 노력한다. 그러나 정작 '내 아이'가 무엇을 좋아하는지, 무엇을 생각하고 있는지, 무엇을 느끼고 있는지, 진지하게 듣고 이야기를 나누는 필수적인 절차는 생략하는 경우가 많다. 부모님 본인의 경험에 비추어, 그리고 주변에서 '필요하다, 좋다'고 말하는 정보를 진리로 받아들이고 매진하기 때문에 정작 아이들의 마음을 듣고 생각할 여유가 없는 것이다. 우리 자녀들은 아직 자신의 마음, 취향, 생각을 인식하거나 명확히 표현하기 어렵기 때문에 아이들과 마음의 이야기를 나누기 위해서는 많은 시간, 기다림이 필요하다. 방향을 지시하기 전에 먼저 아이들의 마음을 듣는 것이 우선이다. 하지만 아이들에게 해 줘야 할 것이 많은 이 시대의 부모님들에게 기다리고 듣는 법을 배우는 것은 어쩌면 가장 어려운 과제이기도 하다.

누군가 나의 마음을 들어주고 알아주는 사람이 있다면, 아이들은 '마음 둘 곳, 숨 쉴 공간'을 갖는 것이다. 이것은 심리적 산소와 같은 것으로, 마음 둘 곳 없는 아이들은 심리적으로 생존의 위협을 느낀다고 보면 된다. 아이들의 마음을 듣기엔 너무 바쁘고, 이미 '들을 내용'이 정해져 있는 부모에게 아이들은 마음을 털어놓을 수 없고, 심리적 생존을 위해 자신의 이야기를 듣고 알아줄 '누군가'를 찾아다닐 수밖에 없다. 그리고 그 대상은 대부분 친구들이 된다. 심리적 생존과 관련되어 있기 때문에 아이들은 친구 관계의 그 사소하고도 미묘한 움직임에 따라 그토록 요동하는 것이다. 가정에서 숨 쉴 수 없기 때문에, 아이들은 서로 그렇게 상처를 주고받으면서도 서로의 관계에 몰두하는 것이다.

가정의 시작은 부부이며, 가족 내의 모든 관계 중에서 가장 기본이 되는 것이 부부 관계다. 부부 관계는 부모 자녀 관계, 형제 관계 등에 지대한 영향을 미치는데, 현재 우리나라의 가족 문제 중에서 가장 심각한 부분이 아닐까 생각한다. 물리적 이혼율이 심각한 상태이기도 하지만, 법적인 부부이면서도 실제로는 전혀 관계없이 '무늬만 부부'로 사는 가정이 상당하다는 점은 더욱 심각하다. 연애 때에는 그토록 뜨겁게 사랑하고, 영원히 벗겨지지 않을 것 같은 콩깍지에 씌여 있던 닭살 커플들도, 결혼과 출산의 과정에 진입하는 동시에 서로를 통나무처럼 대하는 돌부처 커플이 되고 마는 현상을 우리는 쉽게 볼 수 있다. 가장 가까운 '영원한 내 편'을 만드는 일이 결혼일 줄 알았는데, 결국은 거리를 좁힐 수 없는 '영원한 남'이라는 사실을 뼈저리게 알게 되며, 때로는 분노하고 좌절하고 포기하고 만다.

부부 관계는 살아 있는 화초와 같이, 계속 물을 주고 벌레를 잡아 주고 적당한 햇볕을 쐬게 해 줘야 하는 생명체다. 그런데 '한눈에 반한 당신'이 말하지 않아도, 표현하지 않아도, 내 마음을 알아주고 사랑해 주길 바라는 전능 환상(Omnipotence Fantasy)을 가지고 결혼하고, 상대에게 이러한 환상을 무의식적으로 요구하면서 생명체를 돌보는 노력을 하지 않는 경우가 많다. 이 전능 환상에 대한 갈망은 필연적으로 좌절되고, 내 부분의 경우, "결혼하니 달라졌다. 이럴 줄 몰랐다"면서 상대방을 비난하며 자신의 전능 환상을 채워 줄 누군가, 혹은 일이나 기계와 같은 다른 대상을 찾아 나서게 만들고 만다.

여성들의 경우, 대부분 아이를 낳으면 남편에 대한 기대를 아이에게 투입하면서 아이에게 집중하는 경우가 흔하다. 남성들은 대개 일과 직업 등 외부 활동에 몰두하면서 가정에서 자신의 역할을 '재정 공급자'로 전락시키기도 한다. 물리적으로 이혼하지 않았지만 거의 '홀로' 아이를 키우는 엄마들의 경우, 아이가 자라서 부모로부터 분리, 독립하는 과정에서 심한 몸살을 경험하게 한다. 편하지 않은 부부 관계 사이에 끼인(삼각 관계) 아이들, 한쪽의 부모로부터 대리 배우자 역할을 부여받는 아이들은 정서적 분리 과정에서 반드시 심한 몸살을 겪게 되고, 갈등을 피해 도피적인 결혼을 선택한 경우, 자신의 미해결 과제를 다음 세대로 대물림하는 경우가 많다. 부부 관계는 부부 내에서 해결해야 하는 문제지만, 부부 간의 소통과 성장을 위한 노력이 부재한 경우, 다른 가족에게 지대한 영향을 미치는 것이다. 가족은 계속 변화하고 성장하며 서로서로 지대한 영향을 미치며 연결되어 있는 유기체다.

함모와 인모,
경쟁 시대 속의 승자이자 패자

상담실에서 성인 남자 내담자들을 만나기는 매우 어렵다. 특히 자발적으로 상담실을 찾아오는 경우는 더욱 드물다. 남자들에게 상담실에 온다는 것은 '내가 졌다. 내가 약자다'라는 의미를 갖는 것 같다. 대개의 경우, 공황 발작이나 우울증과 같은 심각한 증상을 갖거나 부인의 이혼 협박 등으로 피할 길이 없어서 상담실에 찾아오게 된다. 이들에게는 상담실에 찾아오는 것 자체가 자신의 무능함, 약함에 직면하겠다는 용기의 결단이다. 영화 속에서 함모와 인모, 두 형제는 사회와 가족 안에서 항상 서로 경쟁하며 계속 서열을 매겨야 하는 이 시대의 남성과 여성들을 대표한다고 생각한다. 가족 안에서는 집단의 기대와 지원 속에서 서열상 우위를 점하지만, 사회에 나가면 어느새 무력하게 비굴 모드로 살아야 하는 이들, 무한 경쟁 속에서 어느 순간에 도태될지 모르는 숨 막히는 긴장 속에 살면서도 집안에 들어오면 자신의 연약함을 절대 드러낼 수 없어 오히려 더 권위적이 되거나 껍질 속에 숨어버리는 모습이 바로 이 시대 함모와 인모가 보여 주는 가족의 모습이다. 우리의 아버지일 수도 있고, 우리의 어머니일 수도 있으며, 우리의 아들과 딸의 모습일 수도 있다.

특히 요즘 청년들은 '진입조차 금지된 사회'에 어떤 수를 써서라도 자신의 스펙을 채워서 자신의 자리를 찾아야 하는 절박한 상황에 처해 있다. 요즘 청년들이 '짝짓기'에만 몰두한다고 말하지만, 실제로 경쟁 사회의 진입 과정에 있는 청년들은 돈이 없고 미래가 없어서 사랑마저 미뤄야 하는 자신들을 '잉여 인간'이라고 부른다. 2013년 12월 통계청 발표에 따르면 20대 청년들의 일자리는 더욱 줄어들었고, 학자금 대출을 짊어지고 최저 시급 4천 원대의 아르바이트로 생계를 꾸려야 하는 청년들도 허다하다. 이들의 입장에서 사랑은 사치에 불과하고, 꿈이란 것도 이전 시대에 비해 극도로 현실적인 것이 되어 버렸다.

요즘 청년들은 어느 곳에도 헌신하지 않는다는 말을 많이 한다. 하지만 대학 4년 동안 교회나 선교 단체에서 남들보다 희생하며 공동체에 헌신했는데, 결국 취업 준비가 부족해서 취업이 늦어지면 '믿음이 없어 무능한 선배'가 되어 버리는 현실 앞에서 과연 누구에게 헌신하지 않는다는 비난을 할 수 있을지 모르겠다. 오히려 대학 생활 내내 공동체나 하나님나라 운동 따위는 모두 뒤로 제치고, 열심히 자기 스펙을 쌓아서 대기업에 취업한 청년들에게 '믿음 좋다'는 칭호가 붙는 현실에서 말이다. 이러한 배신감과 열패감에 휩싸여 통곡하는 크리스천 청년들을 상담실에서 여러 번 만나면서 무척 마음이 아팠다.

IMF 사태가 발생하던 시점에 졸업했던 나의 경우, 그 당시에 취업이 하늘에서 별을 따는 것처럼 어렵다고 한탄했지만 3수, 4수를 해서라도 취업을 못하는 친구들은 없었던 것 같다. 하지만 지금은 몇 수를 각오하더라도 사회 진입 자체가 어려운 경우가 허다하다. 사회 진입조차 어려울 수 있다는 극단적 두려움 속에서 청년들은 자신에게 기대하고 헌신한 부모님께 면목이 없고 밥만 축내는 것 같은 자신을 '잉여'로 느끼며 눈치를 본다. 하지만 자기 자신이 지고 있는 삶의 무게가 너무 무거워 부모님께 그 마음을 그대로 털어놓을 여유가 없고, 그렇다고 염치없이 기대기만 할 수 없는 자신의 처지를 자학하면서도 마음 놓고 상의하지 못한다. 보호받으며 수동적으로 키워진 세대이기 때문에 자생력은 이전에 비해 약하고, 이들이 현재 마주해야 하는 외부적 압박은 예전보다 훨씬 거세진 상황에서 이들이 경험하는 외부적, 내부적 압박은 상상 이상이다. 맨몸으로 폭풍 앞에 서 있는 심정과 같다고 말할 수 있을 것이다.

Section 4 이 시대 속 가족 이야기
어떻게 볼 것인가?

'각 시대는 시대마다 그 시대의 고유한 질병이 있다.'[6] 〈피로사회〉에서 한병철은 지난 세기를 '면역학의 시대'이며, 지금의 시대를 '신경증적 시대'라고 정의하고 있다. 바이러스나 박테리아에 의한 감염이 지난 시대의 주요 질병이었다면 면역학이 발달한 현재는 우울증, 경계선성격장애 등의 신경증적 질환의 시대라는 것이다. 면역학 패러다임에서 볼 때 질병은 외부의 적(適) 침입, 특히 타자의 부정성이 질병의 원인이며 타자에게서 나를 보호하기 위해 나와 타자를 구분하는 것이 중요했다. 그러나 신경증적 패러다임에서 질병의 원인은 타자가 아니라 바로 '나 자신'이며, 부정성이 아닌 '긍정성의 과잉'[7]이라는 그의 지적은 날카롭고 설득력이 있다. 그의 분석은 자칫하면 이전 시대를 신체적 질병의 시대로, 현시대를 정신적 질병의 시

---

6) 〈피로사회〉(한병철, 문학과지성사)의 11페이지를 참조하라.
7) 같은 책 12페이지를 참조하라.

대로 구분하는 것으로 해석될 우려가 있으나, 실제로 신체와 정신은 분리된 것이 아니라 매우 밀접하게 상호 연결되어 있으며, 각각 시대의 영향을 받으며 유기적으로 작용한다고 보는 것이 더 적절하다. 그의 분석에 대해 첨언한다면, 신체적인 면에서 우리 시대의 고유한 질병은 신경증이 아니라 자가면역질환, 즉 '자신이 자기 스스로를 공격하는 질병'이라고 말해야 할 것이며, 정신적인 면에서 시대를 반영하는 흐름은 또 다른 주제로 논의할 수 있다고 생각한다.

그렇다면 정신, 심리적인 면에서 이전 시대와 다른 우리 시대의 고유함은 어떻게 설명할 수 있을까? 심리상담의 이론과 치료적 흐름을 분석하는 방식으로 우리는 현시대의 고유한 심리적 고통, 그리고 그와 연결되어 있는 이 사회의 영향력을 역으로 더듬어 볼 수 있을 것이다. 심리상담의 주요 흐름 중 하나인 정신분석적 치료 접근을 살펴보면, 프로이트$^{Sigmund\ Freud}$를 비롯한 초기의 정신분석(고전적 정신분석이라 불리며 지금으로부터 약 1세기 이전에 해당한다)은 '성의 억압'이라는 주제를 강조하며 억압되었던 무의식, 특히 성의 주제를 의식화하는 부분에 초점을 둔 치료적 접근을 발전시켰다.

"억압된 성의 해방? 프로이트 때문에 현재에는 너무 많이 해방된 것 아닌가?" 하며 많은 분이 프로이트의 이론에 대해 거부감을 갖기도 한다. 하지만 이는 시대 상황을 고려하지 않은 오해라고 볼 수 있다. 프로이트는 당시 자신이 직접 치료했던 내담자들과의 치료 경험, 그리고 그 시대를 살았던 자신의 경험에 기반하여 이론을 발전시켰으며, 그에 따라 당대에 실제적으로 필요한 부분을 강조한 것이다. 단적인 예로, 당시 그가 치료해야 했던 주요 문제 중 하나가 바로 히스테리(hysteria)라고 불리는 정신신체화장애다. 빅토리아 시대로 불리는 프로이트가 살았던 시대는 현재와는 비교할 수 없을 만큼 성과 여성을 억압하면서 은밀한 성 문화가 자리 잡았던 이중적인 시대였다. 따라서 프로이트가 주로 접했던 환자들의 심리적 문제는 바로 그 시대의 사회적 문제가 개인 차원에서 발현한 질병(예를 들어, 무의식적인 성의 억압으로 인해 신체적 원인이 없는 마비 등의 정신신체화 증상)이라고 해석하는 것이 적절하다. 그 시대의 정신적 질병을 설명하고 해결하기 위해 발전된 이론이 억압, 금지, 부인의 해결에 초점을 둔 초기 정신분석이라고 할 수 있는 것이다. 무의식과 초기 결정론이라는 정신분석의 원리는 유지되지만, 시대의 변화에 따라 정신분석 이론과 치료적 강조점은 초점이 변하면서 발전해 왔다.

현대 정신분석 이론의 흐름에 비추어 볼 때, 우리 시대의 고유한 병은 무엇일까? 우리 시대의 정신분석적 접근을 비롯한 대다수의 현대 심리 이론과 치료 접근이 초점을 맞추고 있는 주제들을 살펴볼 때, 현시대의 고유한 병은 '자기(self), 즉 주체성의 상실, 그로 인한 관계성의 상실'이라고 요약할 수 있을 것이다. 이를 단순화하여 표현하자면, 나르시시즘(narcissism)[8]이라 불

---

8) 정신장애를 구분하는 명칭으로 자기애적 성격장애(Narcissistic Personality Disorder)가 있으나, 여기에서는 진단 이름과 관련 없이 리차드 세넷(Richard Sennett)의 구분에 따라 나

리는 증상들, 즉 공감 능력의 상실(자신과 타인에 대해), 방향 없음과 공허감, 그리고 관계의 피상성이라고 말할 수 있을 것이다. 나르시시즘은 자기 자신과 사랑에 빠진 나머지, 자신의 얼굴이 비친 호수 속에 빠져 죽은 신화 속 인물 나르시스에게서 유래한 말이다. 엄밀히 말해서 나르시시즘은 진정한 자기애와는 거리가 있다. 오로지 자기 속에 빠진 나머지, 타인과의 관계도 상실하고, 결국은 자기 또한 죽음을 맞게 되는 것이 나르시시즘이라고 보면 된다. 그리고 자기 자신만 알고 자기 자신만 사랑하지만, 결국은 아무것도 남지 않는 공허감이 그 특징이다. 현대의 정신적 질병이라고 볼 수 있는 나르시시즘은 타자와 마주하지 않고 오로지 자기 자신과만 관계를 맺는다. 그러나 실상은 진정한 자기(self)도 타인도 존재하지 않는 것이다.

이전의 사회를 외부적으로 여러 금지와 억압, 의무를 강제하는 규율 사회라고 본다면, 우리 시대는 개인에게 영향을 미치는 외부적 규율이나 금지 사항들이 이전에 비해 매우 느슨해졌다고 볼 수 있다(물론 한국 사회는 이 부분에서 시대의 흐름을 역행하는 놀라운 면이 있다). 규율 사회에서는 부가된 규율, 의무 위반에 대한 불안과 억압, 부인으로 심리적 문제를 겪었다면, 우리 시대는 외부, 타자의 명령에 따라 행동하는 데에서는

르시시즘과 자기애를 구분하여 칭하기로 한다. 그에 따르면 자기애와 나르시시즘은 다른 것으로, 자기애가 타자와 대립하는 가운데 자기 스스로를 정립해가는 것으로 자아와 타자의 경계가 존재한다면, 나르시시즘은 자기를 타자 속으로 연장하여 타자와의 경계가 흐릿해지면서 '자아 속에 익사하는 상태'라고 표현한다.

자유롭다. 오히려 자기 자신에게 귀를 기울이고 자신이 스스로의 경영자가 되는 것이 중요하다고 말한다. '해야 한다, 하지 말라(should, must)'보다는 오히려 '할 수 있다(can)', '하고 싶다'는 말이 현재 우리에게 작용하는 명제들이다. 외부의 규제와 규율이 느슨해지고 "너 자신이 되라", "네가 원하는 것을 해라"라는 말에서 자유와 해방을 맛볼 수 있을 것 같지만, 이런 식의 자유가 개인들에게는 결코 해방적이지만은 않다. 오히려 '자유에서 새로운 강제가 발생하는 자유의 변증법'[9]이 발생하고 있는 것이다.

자유라는 미명하에 실상은 자기 스스로에 의해 내몰리면서, 어쩌면 더 이상 피할 곳 없이, 끊임없이 무언가를 해야 하는 상황이 발생한다. 끊임없는 '자기 착취', 쉴 수 없는 자기 계발의 병리가 우리 시대를 관통하는 심리적 문제이며, 자기의 상실과 타인의 상실, 그로 인한 공허감 등이 이 시대의 질병인 나르시시즘의 주요 근원이라고 생각한다. 오로지 자기 자신만 있는 것 같지만, 실제로는 무엇이 자기 자신인지, 내가 진정으로 원하는 것이 무엇인지 잠시 멈추어 생각할 여유도 주지 못한 채 달리고 있는 것이 우리 모두의 모습이다.

'늘 바쁘게 달리지만, 한 번도 목표점에 도달한 느낌을 갖지 못한 채', 곧 또 다른 목표점을 향해 나 자신을 채찍질하면서 공허감에 시달리지만 여전히 달리고 있는 것이다. 예를 들어, 내

---

9) 〈피로사회〉(한병철, 문학과지성사)의 86페이지를 참조하라.

가 대입 시험을 볼 때만 해도 대입 시험을 치르고 대학에 입학한 후에는 그래도 뭔가 한 단락을 마무리한 성취감, 휴식을 맛볼 수 있었던 것 같다. 학문의 상아탑으로서의 대학은 아니었지만, 대학생이 된다는 것은 그래도 무언가 '쓸모없는 것'도 해 보고, '아무 소용없는 낭비'도 할 수 있는 여유가 조금이나마 주어졌던 것 같다. 그런데 요즘 대학에서 만나는 학생들은 우선 계속적인 시험의 연속에 지쳐서 대학에 들어온다. 신입생들인데도 여유는커녕, 이미 취업 준비와 학점 관리, 스펙 관리로 바늘구멍 들어갈 틈 하나 없이 '생산적인' 스케줄로 꽉 차 있다. 강의에서 쓸모없는 내용(학점 관리나 스펙에 도움이 되지 않는)을 하는 것 같으면 대번 눈에 초점을 잃는다. 그리고 아무리 지루한 내용이라도 시험에 나올지도 모른다는 말 한마디에 눈빛을 반짝인다.

이뿐만 아니다. 국내 유수의 대기업에 엄청난 경쟁을 뚫고 입사한 친구들이라고 해도, 그 빡빡한 회사 생활을 하면서도 계속 공부를 해서 자기 계발을 해야 한다는 강박에 시달린다. 새벽부터 밤까지 다양한 학원을 다니고, 심지어 사법 시험을 통과하고도 앞으로의 시험을 위해 주말과 휴일을 독서실에서 보내야만 마음이 편하다고 한다. 마치 영원히 바위를 굴려 올려야 하는 시지프스의 운명처럼, 누군가 강제한 것도 아닌데 나 자신을 위해 끊임없이 자신을 관리하고 계발해야만 살아남을 수 있다는 절박함이 우리 모두의 마음을 사로잡고 있다.

이 '자기 자신과의 싸움(흔히 공부하는 아이들에게 말하는 것이 "늘 공부는 너를 위해 하는 것이다. 그리고 너 자신과의 싸움이다"라고 말한다)'에서 우리는 스스로 지정해 놓은 목표점에 도달한 순간 잠깐의 성취감과 자부심을 느낄 수 있다. 하지만 곧 자기 자신을 추슬러 또 다른 '자기 관리와 계발'의 노력을 시작해야 한다고 스스로를 단속하며 또 다른 싸움을 시작한다. 왜냐하면 철저한 성과 사회인 현시대에서 지속적 자기 계발만이 성공의 열쇠라는 강박에 사로잡혀 있기 때문이다.

더욱이 실패라는 결과는 전적으로 장기적 자기 계발 노력을 게을리한 자기 자신의 탓, 즉 자기 착취의 투쟁에서 도태한 '낙오자' 개인의 몫으로 '게으름과 나태함'의 대가를 스스로 받는 것이다. 마음을 풀고 어느 정도 만족하는 순간, 우리가 굴리던 공은 미끄러져 내려가기 때문에 가능하면 쉬지 않도록, 속도를 잃지 않도록 계속 긴장해야만 한다. 시지프스 신화를 생각해본다면, 우리는 모두 언젠가 결국 '실패'할 수밖에 없는 자, 언젠가는 고령화되어 결국 성과를 낼 수 없는 낙오자가 될 수밖에 없는 운명에 처해 있다고 할 수 있다.

'고령화가족'의 각 인물들이 드러내는 모습은 이렇게 '낙오할 수밖에 없는 우리'의 현실을 드러낸 것에 불과하며, 결국은 '끊임없는 자기 계발의 싸움'에서 끊임없는 낙오감에 지친 '고령화된' 가족 구성원인 우리의 이야기다. '가족'이라는 울타리에서 만나지만, 결국 자기 계발 투쟁에서 각자도생해야 하므로 전혀 서로를 돌아보거나 관계를 맺을 여유가 없는 현대인의 전형적인 양상을 이 영화에서는 보여주고 있다. 조금 형태를 바꾸어서 자식이나 배우자, 부모가 '자기' 안에 포함되는 경우, 자기 계발의 채찍질은 그만큼 범위가 넓어지는 것뿐이다. 가족이 만나서 함께 밥을 먹고 한집에 살면서도 서로의 삶과 마음에 대한 진정한 관심이나 대화가 오가지 않는 상황, 오고가는 대화의 대부분이 서로의 각자도생에 대한 체크에 불과한 경우가 어디 한두 가정의 이야기일까?

예를 들어, 각자도생의 투쟁 정점에 있는 고3 수험생 가정을 한번 보자. 수험생 자녀를 둔 어머니는 일 년 동안 '수험생 엄마'라는 정체성으로 모든 생활양식을 그에 맞추어 재편하고, '대입'이라는 공동 목표를 향해 함께 달리는 협력자로 살아간다. 하지만 정작 아이와 만나는 하루의 단 몇 십 분 동안 엄마는 아이와 교감이 오가는 대화를 하는 경우는 매우 드물다. 오히려 '어떻게 하면 아이가 덜 피곤할까, 심기를 안 건드릴까'에 초점을 맞추고, 말 한마디도 '눈치 보기'라는 태도로 돌입한다. 행여 성적표가 나오기라도 하면 '아니 내가 이렇게 뒷바라지하는데 왜 이럴까' 하는 원망과 안스러움, 짜증 등의 감정이 오가거나, 그걸 숨기고 더 효율성을 높이기 위해 서로 긴장을 늦추지 않는다. 고3 학부모 생활을 하는 동안 하도 이를 악물어서 잇몸이 다 주저앉았다는 경우도 있다.

과연 우리 시대의 고유한 병을 만들어 내는 원인은 어디에 있을까? 문제의 근원을 해석하고 해결책을 제시하려 할 때, 취할 수 있는 관점을 과격하게 단순화해본다면 다음의 두 가지로 구분할 수 있을 것이다. 바로 '사회 지향적 관점'과 '개인 지향적 관점', 쉽게 말해서 '거시적 관점'과 '미시적 관점'이다. 모든 이원론이 그러하듯이 지나치게 단순화하는 면이 있으나, 명료하기 때문에 복잡다단한 주제에 관한 논의를 전개할 좋은 시작점이 될 수 있을 것이라 생각한다. 나는 이 두 가지 틀로 우리 시대의 가족 문제의 근원과 해법을 정리해 보고자 한다. 이 두 가지는 별개의 현상으로 보일 수는 있으나 발생과 유지의 과정에서 매우 밀접하고, 실제로는 하나의 흐름으로 파악할 수 있을 것이다. 따라서 나는 우리 시대 가족 문제에 영향을 미치는 주요 원인들로 다음과 같이 요약하여 말하고자 한다.

❶ 신자유주의 시대정신 : 각자도생
❷ 집단 정체성 유실 현상
❸ 불안의 문제

신자유주의 시대정신 :
각자도생

신자유주의는 경제 분야에서 시작된 사상적 경향으로, 국가 권력의 시장 개입을 비판하면서 시장의 자생적 기능과 민간의 자유 활동, 즉 무한 경쟁을 의미하는 자유방임 경제를 지향하여 개별 국가나 단체의 경쟁력을 강화하고자 하는 경향이다.[10] 경제 분야에서 긍정적 결과를 낳은 면이 있으나, 여

---

10) 〈자유의 의지, 자기계발의 의지〉(서동진, 돌베개).

러 학자들로부터 '개인의 자유와 소망 아래 세워진 이 경제 질서의 궁극적 토대는 사실상 실업, 불안정 취업, 해고 위협에 의한 공포 등의 구조적 폭력'에 다름없다는 신랄한 비판을 받았다.[11]

우리나라는 1997년 외환 위기를 기점으로 국제통화기금(IMF, International Monetary Fund)의 협박성 권고로 인해 신자유주의적 세계화의 질서에 본격적으로 편입되었다고 여러 학자들이 분석하고 있다. "살아남기 위해서는 마누라와 자식 빼고는 모조리 다 바꿔라"는 이건희 회장의 말처럼 우리 사회의 모든 부분이 이 영향력을 받아 재편되어 왔다고 볼 수 있다. 한국 사람들의 전통적인 특징이 '경쟁'이라고 하지만, 이 시대는 그냥 경쟁이 아닌 무한 경쟁, 즉 아무도 동지가 될 수 없는 끝없는 경쟁의 시대. 이러한 시대에서 '그 누구(특히 국가나 정부)도 보살펴 줄 수 없으니 스스로 자기를 계발하여 알아서 살아남으라'는 '각자도생(各自圖生, Self-Help)'이 바로 신자유주의 시대정신의 핵심이다.

"하늘은 스스로 돕는 자를 돕는다"라는 말처럼, '각자도생'이 갖는 긍정적인 부분이 분명히 있으나, 지금은 그 긍정성의 과잉 상태다. 이러한 각자도생의 정신은 경제 분야에 국한되지 않고 사회의 각 부분, 심지어 교회와 가정, 개인의 내면 세계에까지 절대적인 영향을 미치고 있으며 심리적으로 엄청난 파괴력을 갖고 있는데, 그것은 '내 잘못이므로, 파괴되고 있다고 누구에게

---

11) 《구별짓기》(피에르 부르디외(Pierre Bourdieu), 새물결).

도 말할 수 없게' 만들기 때문에 더욱 강력하다.

신자유주의 시대정신의 가장 핵심적인 문제는 공공의 과제를 개인에게 부과하여, 사회적 책임을 개개인의 몫으로 돌리면서도 그 책임을 면할 수 있는 강력하고도 미묘한 전략이라는 점이다. 이러한 전략을 쓰는 국가나 정부는 공익의 입장에서 책임져야 할 약자들의 문제, 민생의 문제를 개인의 잘못으로 떠넘기면서도 아무런 지탄을 받지 않을 수 있다. 공공성의 약화, 약자를 위한 사회적 보호에 대한 면죄부라는 사회·정치적인 문제가 가장 심각하고 중요하지만, 개인의 심리적 어려움, 가정의 파괴에도 이러한 영향력은 매우 심각한 영향을 미치고 있다(이 글에서는 개인과 가정에 어떠한 영향을 미치는지에 초점을 두도록 하겠다).

각자도생 정신의 영향력은 서점에 깔려 있는 자기 계발 서적의 폭증에서 가장 두드러진다. 기업의 경쟁력을 위한 자기 계발에서 시작된 열풍이 이제는 직장인들뿐 아니라 젊은 청년들, 청소년과 유아까지 대상을 확장해 왔다. 게다가 경쟁력 있는 엄마가 되는 법, 경쟁력 있는 아이로 양육하는 법, 최고의 부부 관계를 만드는 지침서 등 최근에는 공감 능력이나 정서 조절, 가족 관계나 우정 관계, 심지어 영성까지도 자신의 경쟁력을 높이기 위해 필요한 요소로 등장하면서 수많은 자기 계발 산업의 주제가 되고 있다. 물론 자기 계발 서적이 주는 긍정적 영향을 평가 절하하려는 의도는 아니다. 나 또한 스티븐 코비의 〈성공하는 사람들의 7가지 습관〉과 같은 훌륭한 자기 계발 서적과 프로그램으로 큰 도움을 받았고, 실제로 권하고 가르치기도 했기 때문이다. 그러나 역시 중요한 점은 이러한 긍정성의 과잉이며, 이는 근본적으로 '어디로 가는가' 하는 방향에 대한 물음 없이 진행되기 때문에 정작 '쓸모없는' 과다한 낭비를 가져오는 결과를 낳고 있다.

집단 정체성
유실 현상

2007년 '삼성사회정신건강연구소'의 연구 보고서에 따르면, 우리나라 성인 남녀의 74.4%가 정체성 유실 단계에 속해 있는 것으로 나타났다. 이는 우리나라의 집단적 정체성 유실 현상으로까지 해석될 수 있는 것으로, 이러한 개인들의 불안한 정체성 형성은 사회 내에서 이유 없는 격노(rage) 현상을 설명하는 근거가 되기도 한다.[12] 나 자신이 누구인지에 대해 안정적으로 느끼는 것을 정체성이라고 한다면, 정체성 유실 단계는 진정한 자존감이 아니기 때문에, 공격에 예민하고 불안정하게 된다. 예를 들어 자존심이나 체면이 손상됐다고 느끼면, 오히려 더욱 격렬하게 타인을 비난하거나 분노를 격하게 표출할 가능성이 높다는 것이다. 정체성 유실은 발달심리학자 제임스 마르시아 James Marcia의 개념으로, 그에 따르면 개인의 정체성 형

---

12) 〈격노사회와 '사회적 영성'〉(김진호, 미발간 강의 자료)

성을 위해서는 두 가지 요소인 '위기'와 '헌신'이 필수적이다. 위기란 직업, 이데올로기, 종교, 가치관 등 정체성 문제로 고민하고 방황하는 자체를 말하며, 헌신이란 자신이 선택한 것에 대해 지속적으로 전념하는 것이다.

[표 1] 마르시아(Marcia)의 정체성 발달 유형

구분	헌신 있음	헌신 없음
위기 있음	Identity Achieved (성취, 확립) 정체성 유예를 통해 다양한 대안을 신중하게 평가하고, 시행착오를 거치면서 어떤 결정을 내리고 이를 지키고 헌신해 나가는 상태임.	Identity Moratorium (지체, 유예) 헌신하고 있지 않으나, 대안을 능동적으로 고민하고 탐색함. 꼭 필요한 기간이지만, 선택과 헌신으로 이어지지 않으면 부도로 이어질 수 있는 상태이기도 함.
위기 없음	Identity Foreclosure (유실, 압류) 별다른 위기를 경험하지 않고, 부모의 기대나 주변 생각에 이끌리거나 동화되어 어떤 직업이나 이념에 헌신하게 되는 상태임.	Identity Diffused (혼미) 위기도 없고, 무언가에 헌신하지도 않은 상태. 유아 상태로 의존을 경험해야 하는 상태이기도 함.

정체성 유실이란 자신이 누구이며, 무엇을 위해 살아야 할지를 호기심이나 깊은 고민 없이, 타인이나 사회가 규정한 목표나 과제에 떠밀려 살아가는 모습을 의미한다. 우리나라가 집단적 정체성 유실 상태에 처해 있다는 것은 '각박해진 세상에서 살아남기 위해, 앞뒤 가리지 않고 남들이 뛰는 대로 뛰고 보자'는

경향을 그대로 드러내는 것이라고 생각된다. 다른 아이들이 스마트폰을 갖고 다니니까 나도 거기에 끼지 않으면 괜히 뒤처지는 것 같아 남의 것을 훔쳐서라도 무조건 가져야 하는 마음과 비슷하다.

자기 계발과 관련하여, 내가 왜 시간 관리를 하고 정서 조절을 하면서 자기 계발을 해야 하는지, 왜 강남 엄마를 따라서 자녀 교육의 달인이 되어야 하는지, 두세 살짜리 자녀에게 영재교육 교구를 왜 사 주려고 하는지, 그게 과연 진짜로 도움이 될지를 잠시라도 멈추어 생각할 겨를도 없이 최선을 다해 계속 뛰고 있는 것이다. 더욱 심각한 것은 우리 아이의 취향이 무엇이며, 어떠한 가치를 가지고 살아야 하는지, 어디를 향해 뛰어가고 싶은지 고려할 겨를도 없이 다들 달리니까 나도 그냥 냅다 업고 뛰어 버린다는 점이다.[13] 이러한 현상은, 살아남기 위해서는 자기 취향과 욕망, 성격 등을 모두 다 유보하고 생존을 위해 유리하다고 평가된 사회적 가치에 따라, 신자유주의적 정신에 순응하고 있는 우리의 모습이라고 할 수 있다.

이러한 상황에서 우리가 가진 지식이나 경험, 관계를 비롯한 모든 것이 살아남기 위해 필요한 도구, 즉 나의 스펙이 되어 버린다. 심지어 인간 관계에 너무나 중요하고 필수적인 태도라고 할 수 있는 '공감' 능력마저 서로 돌봐 주고 진정으로 이해하려는 핵심 의도는 배제된 채, 성공을 위해 필요한 하나의 도구로

---

13) 〈자기주도학습〉(박재원, 미발간 강의 자료)

여겨진다. 공감이라는 도구를 연습하면, 그만큼 인간 관계라는 나의 자원이 하나 더 쌓이고 그만큼 살아남을 가능성이 커지는 수단이 된 것이다.

자녀와의 관계가 어려워서 상담하러 오신 부모님들은 이미 다른 곳에서 공감 훈련을 받아 본 경우가 많다. 하도 어려우니 이것저것 좋다는 방법을 써 보는 것이다. 상담하러 와서도 어떻게 하면 아이를 잘 다룰 수 있는지 실제적 방법을 제시해 달라는 부모님이 많다. 사람과 사람의 관계라는 것이 무엇인지, 내 아이지만 나와 분리된 한 인격체인 자녀와 어떤 관계를 맺고 싶은지, 나중에 아이가 어떤 인간 관계를 맺으면서 살고, 어떤 방향으로 삶을 살도록 돕고 싶은지에 대한 고민보다는 현재 문제 행동의 해결과 학습으로 돌진하기 위해 필요한 것이 '공감'이다.

아이가 사회에서 잘 적응하고 살아남으려면 공부를 잘해야 하고 스펙을 쌓아 남보다 유리한 고지를 점유해야 하기 때문에, 이러한 목적에 필요한 도구일 때에만 가치가 있다. "아이가 이 세상을 살아갈 때 필요한 것이 학교 성적, 대학 졸업장이라고 생각합니까?"라는 물음에는 많은 분이 아니라고 이야기한다. '하지만 모두들 이렇게 달려가는데, 그런 고민할 여유가 없다'는 단서가 달린다. 그런 마인드로는 성공할 수 없으니 모든 사회가 추구하는 집단적 욕망의 해법에 자기 몸을 맞춰 가야 한다는 것이다. 그러나 이는 곧 아이와 경험할 수 있는 일상의 즐거움, 우리 가족이 지금 여기에서만 체험할 수 있는 관계의 소통 경험 등 우리 삶에서 중요한 많은 것들을 계속 놓치는 것이며, 미래를 담보로 현재를 내어 주는 '자발적 노예'의 삶과 다름없다.

과연 무엇이 중요한가, 정말 이게 필요한 것인가? 스스로 계속 자발적 노예가 되어 버리는 상태로 만드는 이데올로기, 잠시 멈춰 서서 나의 방향을 돌아볼 마음의 여유마저 나도 모르게 빼앗아 가는 시대정신 속에 갇혀 있는 우리의 모습을 직시해야 한다. 집단적으로 정체성 유실 상태에 처해 있는 분위기 속에서 주변을 바라보면서 그에 발맞추어 가고 있는 모습이 우리 사회라는 점을 기억해야 할 것이다.

불안의
문제

사회 지향 관점으로 볼 때, 가정 폭력이나 이혼, 학교 이탈과 같은 문제는 각 가족 구성원이 속해 있는 집단, 즉 사회나 학교와 같은 사회 전체가 영향을 미친 결과다. 개개인이 겪는 문제들은 사회 구조 내에서 거대하고 집단적인 악이 만들어 낸 부산물이기 때문에 개개인을 직접 변화시키려는 노력보다는 사회적 구조의 문제에 초점을 맞춰야 할 필요성을 강조하게 된다. 그러나 과연 그러한 사회구조를 해결한다면 자연스럽게 모든 문제가 해결될까? 이 시대정신 속에서도 다르게 살아가는 건강한 사람들을 어떻게 해석할 수 있을까? 이 부분에서 사회 지향 관점과 더불어 시대정신을 받아들이는 개인의 반응에도 초점을 맞출 필요가 있다. 개인 지향 관점은 이 문제에 반응하는 개개인의 특성, 선택의 문제와 같은 개인 내적 원인을 살펴보려는 관점이다. 사회구조적인 악, 험악한 시대정신이 존재하기는 하지만, 그것은 각 사람의 마음 문제, 즉 개인 내적 차원이 존재하기 때문에 역사하는 것이라고 해석하는 것이다.

각자도생의 신자유주의 시대정신은 개인의 밑바닥에 있는 '불안'을 통해서 실제적으로 역사한다고 생각한다. 불안이란 예상되는 고통이나 위험에 대해 염려하면서 나타나는 현상으로 인간의 기본적이고 정상적인 자기방어 능력이다. 불안이 있기 때문에 위험에 대처할 수 있고 환경에 적응할 수 있는 것이다. 너무 불안이 없는 것 또한 문제가 되지만, 과도한 불안은 환경에 대한 잘못된 지각으로 인해 발생하고, 결국 쓸데없는 에너지를 소모하는 결과를 낳는다. 불안의 종류는 현실적이고 타당한 불안, 좀처럼 근거나 이유가 없는 신경증적 불안, 그리고 인간이라는 존재 자체가 가지고 있는 실존적인 불안 등으로 나뉠 수 있다. '너 스스로 살아남으라'고 강력하게 속삭이는 신자유주의 시대정신에서, 나만 낙오될 것 같고 내가 노력하지 않았기 때문에 실패할 것이라는 불안은 현실적 불안을 넘어서 개인의 밑바닥에 있는 신경증적, 실존적 불안까지 건드리며 개인을 뒤흔드는 힘을 갖는다. 사실 그 누구도 버티기 어려운, 강력한 불안이다.

이것이 과연 현실적이고 타당한 불안인지, 아니면 신기루와 같이 없어져 버릴 환영에 의해 쫓기는 불안인지를 구분하는 것은 쉽지 않다. 특히 어린 시절 가정에서 의식, 무의식적으로 학습해 온 불안의 원인이 있는 경우, 시대정신에 의해 정신없이 쫓기며 자기 착취의 삶을 살아갈 가능성이 많다. 모든 사람이 자기계발을 하고 자신에게 주어진 상황에서 최선을 다해 열심히 사는 것은 격려할 일이며, 특히 그리스도인으로서 마땅한 바다. 그러나 중요한 것은 현재 우리가 매진하고 있는 대부분의 자기 계발이 과연 나에게 필요한 것인지를 현실적으로 가늠하기도 전에, 자신 안에 있는 '신경증적, 실존적 불안'에 쫓겨 이미 움직이고 있을 가능성이 크다는 점이다.

아이가 뱃속에 있을 때부터 시작해야 한다는 갖가지 태교법부터 영·유아기에 반드시 갖춰야 한다고 말하는 교육 도구들, 동네 엄마들이 말하는 이러저러한 학습기 이야기를 들으면서 '혹시 내가 잘못해서 아이가 뒤처지는 건 아닐까' 하는 불안이 증폭된다. 주변의 엄친아, 엄친딸 신화를 들으며 내 아이의 부족한 점에 집중하게 되고 끊임없는 비교의 사슬이 시작된다. 불안에 기반한 비교의 습관은 결코 만족이 없으며, 하나를 성취하면 또 다른 경쟁 대상이 부상하게 되어 있다.

11년간 한국에서 살아온 이코노미스트 특파원 다니엘 튜더 Daniel Tudor는 60여 명 이상의 인터뷰를 통해 우리나라의 현실을 외부자-내부자적(Etic-Emic) 관점으로 흥미롭게 저술했다. 한국을 "기적을 이룬 나라, 기쁨을 잃은 나라"라고 표현하면서, 그는 놀라운 경제 발전과 민주화, 대중문화적 성취와 같은 불가능한 기적을 이뤄 낸 그 힘이, 역으로 현재 우리나라를 괴롭히는 원인이라고 진단하고 있다. 한국을 가난에서 구제하고 마침내 우뚝 서게 한 그 '경쟁'의 힘 밑바탕에 깔린 불안이, 오늘날 한국인을 괴롭히는 심리적 원인이 되고 있다는 것이다.[14]

CNN이 발표한 '한국이 다른 나라보다 잘하는 열 가지' 중 스마트폰 보급률, 신용카드 사용률, 일 중독, 직장의 음주 문화, 게임 산업, 듀오 같은 소개팅 사업, 성형수술 등도 이와 유사한 맥락으로 볼 수 있을 것이다(2013. 11. 28.). 남들이 하는 것은 다 해야 하고 무언가 하나라도 뒤처지는 것 같으면 무슨 수를 써서라도 따라잡아야 하는 성향, 비교와 경쟁 그 아래에는 '그저 가만히 있다가 낙오되는 건 순전히 내 탓'이라는 극도의 불안이 깔려있음을 기억해야 할 것이다.

개인 지향 관점은 사회의 불공평이나 구조적 영향력을 간과하게 만들어 정치적으로 악용될 수 있으며, 내적 갈등과 마음의 문제에만 지나치게 관심을 두는 경우, 다양한 부작용을 낳을 수도 있다. 그러나 일단 사회의 구조와 분위기 등을 처리하면 개인의 모든 문제가 해결될 것이라 믿는 것 또한 지나치게 단순화되고 비인간적인 접근이라고 할 수 있다. 개인 지향 관점을 비판하는 일부 사람들은 상담이나 심리 치료를 너무 개인주의적이고 자기 연민에 매몰시키는 일이라고 비난하기도 한다. 일부의 치료 방식이 지나친 개인주의와 윤리적 이기주의에 기여하고 있기는 하지만, 그렇다고 실제로 개인의 삶에 영향을 미치는 요소들

---

14) 《기적을 이룬 나라 기쁨을 잃은 나라》(다니엘 튜더(Daniel Tudor), 문학동네)

을 모조리 무시하는 것은 지나친 부인이라고 할 수 있다. '우리는 내면의 여행을 통해 사회로부터 도망칠 수 있는 것처럼, 사회문제에 관한 강박적인 망상들을 통해 자아로부터 도망칠 수 있다'.[15] 두 가지 관점 중 하나에 치우치는 경우, 모두 도피의 형태일 수 있다는 사실을 염두에 둘 필요가 있으며, 우리는 이 두 가지 관점을 균형있게 견지하여 현상을 바라봐야할 것이다.

---

15) 〈기독교 상담에서 본 악〉(테리 D. 쿠퍼, 신디 K. 에퍼슨(Terry D. Cooper, Cindy K. Epperson), CLC)

Section 5 우리는 어떻게 살 것인가?
결혼과 가족에 대한 비전

'고령화가족'에서 제시하는 이 시대의 해법은 한마디로 '어머니의 힘'이라고 말할 수 있다. 각자의 고단한 삶 속에서 위태위태하게 살아가는 자식들을 모으는 것, 각자의 내적인 부대낌이 서로 부딪히며 티격태격 싸우는 가족들을 한 밥상에 모으는 것, 그리고 이 시대의 실패자들이 무력감을 떨치고 각기 제 갈 길 찾아 떠나게 만든 것도 모두 어머니의 힘이라고 말하고 있다.

어머니의 힘은 '그때의 남편 같아서 아들들이 이해가 되고, 나 같아서 딸이 이해가 되는' 자상한 포용의 힘이었다. 나는 이 영화에서 이 시대의 외침을 들어야 한다고 생각한다. 이 시대가 해법으로 제시하고 있는 '가족의 회복'은 결국 존재의 수용과 기다림이 있는 어머니, 즉 회복의 모태로서의 가족이다. 이 영화에서 상징하고 있는 회복의 모태인 어머니는 성공했을 때 자랑하는 어머니가 아니다. 가족의 성취를 위해 로드맵을 짜주고 보살펴주는 매니저로서의 어머니는 더욱 아니다. 끊임없이 돌을

굴리고 필연적으로 만나야 하는 좌절감과 피로의 시대 속에서, 여기에서만큼은 '맘 놓고 기댈 수 있고, 먹고 쉴 수 있는' 로뎀나무와 같은 어머니, 그러한 존재가 있는 가정이다.

"제발 나를 자랑스러워하지 말고, 그냥 사랑해 주세요." 자신의 분야에서 최고를 이뤄 낸 40대 여성이 자식에 대한 자랑과 기쁨에 들뜬 부모를 바라보면서, 마음 깊은 곳에서 올라온 존재의 외침이었다. 온갖 비행 행동을 하면서 거칠게 살고 있는 아이는 바쁜 엄마를 기다리며 '언제 현관문이 열릴까'를 고대했던 시간들을 회상한다. 그 아이는 그토록 기다리던 현관문이 열리고 너무 반가워 뛰어나갔을 때 "왜 안 자고 있어? 얼른 씻고 숙제해" 하며 지친 표정으로 방에 들어가던 엄마를 회상하며 '자신은 이제 엄마를 포기했다'고 상담자에게 말한다.

하지만 비행 등의 행동화를 통해 아직도 엄마를 기다리고 있는 자신의 속마음을 상담자가 짚어 주자 금세 눈물을 떨군다. 이혼과 별거 등 가족의 물리적 깨어짐도 아프지만, 겉으로는 아무 문제가 없어 보이는 가정인데도 그 속에서 결코 편히 기댈 수 없고, 내 마음을 쏟아내며 새로운 힘을 공급받을 수 없는 가정이 우리 시대 가정의 모습이다. 영화에서 이 시대가 갈구하고 있는 '가족의 회복'에 대해 우리 그리스도인들은 성경에 근거한 응답을 해야 할 것이다.

회복을 위한 비전, 한 걸음 :
로뎀나무로서의 가정 세우기

힘겨운 시대, 바알과의 엄청난 경쟁에서 대승을 거뒀으나 곧 이세벨에게 쫓겨 시종까지 남겨 두고 광야로 들어가는 패배자 엘리야의 모습이 열왕기상 19장 4~8절에 나온다. "주님 이제는 더 바랄 것이 없습니다. 나의 목숨을 거두어 주십시오. 나는 내 조상보다 조금도 나을 것이 없습니다." 그런 다음 로뎀나무 아래 누워서 잠이 들었는데, 한 천사가 "일어나서 먹으라"고 하면서 그를 깨운다. 뜨겁게 달군 돌에 구운 과자, 물 한 병이 준비되어 있었고, 엘리야는 음식을 먹은 후에 다시 잠이 든다. 주님의 천사는 두 번째 와서 "일어나서 먹어라. 갈 길이 아직 많이 남았다"며 엘리야를 깨우고, 그는 일어나서 또 먹고 마셨다. 그는 음식을 먹고, 힘을 얻어서, 밤낮 사십 일 동안을 걸어 하나님의 산 호렙에 도착했다. (왕상 19:4~8 참조)

우선 우리 모두는 고단한 이 시대에 회복의 공간, 엘리야의 로뎀나무와 같은 가정의 기능에 더욱 초점을 맞춰야 할 것이다. 가정을, 훈육과 규율을 '지시하고 가르치는' 곳으로 강조했던 전통적 신념을 수정해야 한다는 의미다. 그렇다고 아무런 교육 없이 무제한 자유를 제공하라는 뜻은 아니다. 현재 우리 시대에 실효성이 있고 필요한 가정의 역할에 초점을 맞춰야 한다는 의미에 가깝다. 우리 중에 '말로 가르치고 행동을 훈련시키는 방법'으로 가족 중 누구 하나라도 회복, 변화시킨 경험이 있는가? 변화와 회복의 기본 조건은 '신뢰 관계'이며, 이것은 나를 있는 그대로 담아 주고 기다려 주는 대상과의 관계 경험, 존재의 수용 경험에 기반한다는 점을 현대의 상담 이론들은 모두 강조하고 있다. 우리 모두를 고단한 세상에서 상처받고 로뎀나무를 찾는 심정으로 가정에 돌아오는 자들이라고 가정한다면, 우리와 우리 가족 구성원 모두에게 필요한 것, 진정으로 'working하는' 것은 고단한 사람들에게 쉴 수 있는 공간을 제공하고, '먹을 양식'을 제공하여, 힘을 얻고 하나님께로 가는 자신의 길을 떠날 수 있도록 지원해 주는 역할일 것이다.

하나님께서 인간을 만드실 때 가장 먼저 언급된 속성이 남자와 여자로 만들어진 것이며, 이는 근본적으로 공동체이신 하나님의 속성을 드러내는 것이다. 서로 완벽히 다른 존재지만, 사랑으로 완전히 하나되는 신비한 공동체성, 이것이 남자와 여자가 하나 됨으로 이뤄지는 가정의 본질이다. 따라서 가정은 서로의 다름을 인정하면서 사랑을 통해 하나되는 공동체를 경험하는 곳이어야 한다. 나와 타인의 경계를 배우고 존중함과 동시에 그 경계를 넘어 함께해 가는 과정에서 하나님의 속성이 우리 안에 회복될 것이다. 따라서 가정은 기본적으로 무언가를 성취해 내고 생산하기 위한 수단이 아니라, 서로의 존재됨을 기뻐하고 용납하며 수용하는 경험을 하는 목적 자체가 되어야 한다. 로뎀나무의 역할을 하는, 가정이라는 공간을 통해 각 개인은 회복과 변화의 힘을 얻고, 말이나 훈련이 아닌 삶을 보면서 체득하는 진정한 교육의 효과를 낳을 수 있을 것이다.

회복을 위한 비전, 두 걸음 :
가족의 확장

"누가 나의 어머니이며 누가 나의 형제들이냐?" 그리고 손을 내밀어 제자들을 가리키고서 말씀하셨다. "보아라, 나의 어머니와 나의 형제들이다. 하늘에 계신 내 아버지의 뜻을 따라 사는 사람(하나님의 말씀을 듣고 행하는 이 사람들)이 곧 내 형제요, 자매요, 어머니이다."(마 12:48~50, 막 3:31~35, 눅 8:21)

예수님은 혈통적으로 '피'를 나눈 가족보다 더욱 중요한 가족이 바로 '하나님 뜻을 행함', '하나님의 말씀을 듣고 행함'을 공유하는 사람들이라고 말씀하셨다. "나에게는 너희가 알지 못하는 먹을 양식(밥)이 있다. 나의 양식은 나를 보내신 분의 뜻을 행하고 그분의 일을 이루는 것이다"(요 4:32, 34)라고 말씀하신 예수님은 진정한 가족이란 '함께 양식을 나누는, 즉 밥을 먹는 식구(食口)'라는 점을 말씀하신 것으로 보인다. '하나님의 말씀이라는 일용할 양식을 먹고, 이 세상에서 하나님이 공급하시는 것으로 생활하며, 그 뜻을 따라 사는 삶의 방향을 가진 자들'이 진정한 우리의 식구들이며 진정한 가족이라는 얘기다. 가족 개념을 확장하고, 전통적 '우리 가족'의 경계를 허물라는 도전의 말씀이라고 볼 수 있다.

영화 '고령화가족'에서도 혈연 중심이 아닌 '밥상' 중심의 공동체를 강조하고 있다. 알고 보니 장남인 함모도 미연도 같은 핏줄의 가족 구성원이 아니었다는 사실이 영화에서 드러나면서 위기가 고조되고, 그럼에도 완전한 가족으로 서로 수용하면서 진정한 회복을 그리고 있다. 이 영화를 비롯해 전통적인 가족 울타리의 경계를 허무는 공동체성을, 현재 많은 분야에서 이야기하고 있지만, 사실 가족 개념의 확장은, 이미 2000년 전에 예수님이 강조하신 바다.

우리나라는 문화적으로 집단주의와 개인주의가 매우 복잡하게 섞여 있다고 표현되지만, 한마디로 강한 '우리' 의식을 갖는 나라라고 볼 수 있다. 일단 '우리' 안에 들어가면 많은 것이 허용되고, '우리' 울타리 속에 있으면 보이지 않는 끈끈한 유대감이 형성된다. 그 '우리'가 나라 전체가 되어 "대~한민국"을 열렬히 외치는 집단 공동체를 만들기도 하고, 그 '우리'가 혈연 중심의 가족에게 적용되어 놀라운 가족 이기주의를 탄생시키기도 한다. 중요한 것은 대부분 '우리'가 형성되는 순간, 그 밖의 사람들은 모두 '너희'로 배제되어 존중의 대상에서 제외된다는 점이다. 특히 오늘날에는 점점 더 '우리'의 영역이 좁혀지면서, 편협한 가족 이기주의가 팽배해지고 있다. 내 배에서 난 아이, 내 배우자만이 최우선 순위가 되어, 그 외의 사람들을 존중의 대상에서 배제하는 경향을 우리는 다양한 곳에서 목격할 수 있는데, 식당, 학교, 심지어 교회에서도 볼 수 있다.

그러나 자신의 직계 가족만 챙기는 가족 이기주의의 안을 자세히 들여다보면, 그 안에서조차 또다시 작은 '우리'가 형성되어 있는 것을 발견할 수 있다. 대개 엄마와 자녀, 혹은 아빠와 자녀가 '우리'를 형성하여 나머지 가족을 배제하곤 한다. 이러한 현상은 '자궁 가족'[16]이라고 하는데, 이는 우리 민족 깊숙이 내려오고 있는 본능과 같은 것이기도 하다. 가족 내에서도 '우리'에 속하지 않는 구성원은 존중의 대상에서 제외되고, '우리'에 속하는 구성원은 빠져나오기 어려운 밀착의 대상이 되는 경향을 우리는 쉽게 발견할 수 있다.

주목해야 할 부분은 '우리-가족 이기주의'에 속한 가족 구성원이 과연 행복한가, 건강한가의 문제다. 예를 들어 엄마나 아빠에 의해 '우리'에 포함된 아들, 혹은 딸은 나머지 가족을 배제한 채 매우 끈끈한 정서적 유대를 형성한다. 그러나 대부분의 경우, 분리되지 않은 정서적 융합 문제로 반드시 심리사회적 고통을 받게 된다. 위에서 언급한 정체성 유실, 혹은 유예에 머물며 내적인 갈등을 지독하게 겪거나 자기(self)를 잃어버리는 현상 등이 무관하지 않으며, 개인들은 가족과 융합된 고리를 끊어 가는 과정에서 많은 어려움을 겪게 된다. 특히 아버지가 가족 내 '우리'에서 제외된 경우, '우리'에게 배제된 타자인 아버지는 가족 내에서 공공의 적으로 간주되고, 부부 갈등은 직접적 해결 없이 자녀를 볼모로 한 장기전이 되기 쉽다. 혈연으로 엮인 '가족 이

---

[16] 마저리 울프(Margery Wolf)가 제시한 개념으로, 유교적 가부장제 내에서 가장 낮은 지위에 있던 젊은 여성이 자신이 낳은 '핏줄'을 통해서 점차 자신의 세력을 구축해 나가며 형성하는 가족 경계를 말한다. 가부장제 내에서 권력을 구축해 나간 여성은 자신이 낳은 자녀와 며느리를 자궁 가족에 포함시키며, 남편은 별로 중요한 자리를 차지하지 못한다. 《한국의 여성과 남성》(조혜정, 문학과지성사)를 참조하라.

기주의' 현상 또한 구성원 개인의 윤리성과 책임성 상실을 낳게 되고, 결과적으로 가족 구성원의 삶에 큰 도움이 되지 않는다. '우리'에서 제외되면 배제의 폭력을, '우리' 속에 편입되면 동일성의 폭력을 경험하게 되는 것이다.

하나님께서는 우리의 가족 경계를 허물기를 도전하고 계신다. 우선은 가족 내에서 내가 형성한, 혹은 제외된 '우리'가 있지 않은지 살펴봐야 할 것이다. 하나님께서는 가족의 하위 체계 내에서 발생한 문제는 가장 신속하게, 바로 그 당사자와 해결할 것을 요구하신다. '해가 지도록 노여움을 품고 있지 마십시오. 악마에게 틈을 주지 마십시오'(엡 4:26~27), '제단에 제물을 드리려고 하다가, 네 형제나 자매가 네게 어떤 원한을 품고 있다는 생각이 나거든, 너는 그 제물을 제단 앞에 놓아두고 먼저 가서 네 형제나 자매와 화해하여라. 그런 다음에 돌아와서 제물을 드려라'.(마 5:23~24) 예를 들어, 남편이나 아내와의 관계가 불편하거나 어렵다면, 반드시 당사자인 부부 관계 내에서 해결하도록 시도해야 한다. 혹시 자녀들을 부부 문제 속으로 끌어들여 중간 역할을 하게 하는 것은 아닌지 돌아봐야 할 것이다.

또한 우리는 적극적으로 혈연을 넘어서는 가족, 즉 밥상 공동체를 만들어 가는 노력을 해야 할 것이다. '개인의 문제는 개인이, 가족의 문제는 가족이 알아서 하라'는 각자도생의 시대에 특히 교회는 확대 가족으로서의 밥상 공동체를 만들고 교회의 경계 또한 계속적으로 확장해 나갈 필요가 있다. 그것은 이 시대의 필요이며, 반드시 교회가 담당해야 할 사명이라고 생각한다.

교회가 아닌 타자를 배제하는 '우리'가 아니라, 다름을 인정하고 포용하는 우리의 확장, 진지하게 하나님의 뜻을 추구하는 사람들을 포용하는 진정한 밥상 공동체 역할을 해야 할 것이다. 각 교회마다, 하나님께서 세워 주신 바로 그곳에서 어떻게 이러한 역할을 감당해야 할지 고민할 필요가 있다.

우리 가정은 12년 전부터 다섯 가정과 함께 '이레하우스'라는 공동체 빌라에서 함께 살고 있다. 생계와 생업을 같이하는 파격적인 공동생활이 아니라, 도시 속의 공동체, 즉 일상과 유리되지 않은 공동체를 꿈꾸며 그저 한 빌라에 모여 한 집씩 살고 있다. 경제권이나 생활권에 대한 각 가정의 경계를 인정하면서, 서로 맞추고 조율해 온 그야말로 '도시형 공동체'의 첫 시도였다. 그동안 우리 공동체를 하나의 모델로 삼아서 새로운 시도들이 진행되었고, 우리보다 한걸음 나아간 형태의 도시형 공동체를 만들고 있는 것으로 알고 있다.

우리 공동체는 모든 생활을 공유하는 완벽한 생활 공동체가 아니기 때문에 운동성의 부족 등 많은 한계에 부딪혀 왔고 여전히 부딪히고 있다. 우리 공동체가 과연 어떤 정체성을 가졌다고 말할 수 있을까 고민해 보니, 쉽게 말해 '우리 가족의 확장'이라고 부를 수 있었다. 공동체 안에서 태어난 10명의 아이들(현재 고3에서 7살까지)이 지금 서로를 '우리 가족'이라 부르며 살고 있으니 말이다. 12년간 살아 오면서 많은 일과 경험을 했지만, 이 주제와 관련하여 뼈저리게 깨달은 점은 우리 안에 있는 '내 가족, 내 자식주의'를 넘어서는 것이 얼마나 힘든가 하는 부분이다. 함께 살다 보니 더욱 적나라하게 서로를 알게 되고, 자연스럽게 비교하게 되고, 서로의 다름에 부대끼면서 '우리' 안에 포용하거나 배제해야 하는 상황을 많이 만나게 되었다. 특히 자녀들의 교육 문제에 있어서 가장 첨예한 갈등이 드러났고 이 부분은 쉽게 넘어설 수 없는 서로 간의 긴장과 벽을 만들어 내기도 했다. 아직도 완결되지 않은 문제지만, 적어도 '내 자식 교육 문제는 나 혼자 해결한다'를 넘어서 함께 고민하고 감당해 가려는 시도를 하고 있다. 이 시대의 강력한 불안의 메시지를 혼자 감당하는 것이 아니라, 함께 대처하고 새로운 메시지를 만들어 낼 수 있는 기반이 바로 공동체, 즉 가족의 확장이라고 할 수 있다.

Section 6 마치는 이야기
두 명의 '잃어버린 아들'

지금까지 우리는 현대를 사는 그리스도인의 사명이라고 할 수 있는 이중적 귀 기울임, 즉 세상의 소리와 하나님의 소리를 동시에 듣고자 시도했다. 심각하게 파손된 가족의 모습을 대표하는 영화 '고령화가족'을 통해 시대의 목소리를 듣고자 했으며, 이를 신자유주의 시대정신과 개인의 불안이라는 근원으로 분석하며 살펴보았다. 끊임없는 자기 착취 속에 지쳐 있는 현대인에게 가정은 로뎀나무와 같이 회복의 모태가 되어야 하며, 혈연적 가족 경계를 넘어서 확장된 형태의 가정을 개척해 갈 것을 하나님께서는 말씀하고 계신다.

그렇다면, 이 시대 가정의 회복을 위한 비전을 성취하기 위해 우리가 일상에서 실천하고 집중해야 할 부분은 무엇일까? 다양한 접근과 노력이 필요하겠지만, 상담학자로서 내가 가장 중요하게 강조하고 싶은 부분은 '새로운 시각-진정한 공감 능력의 회복'이다. 우리가 잘 알고 있는 탕자의 비유를 통해 이를 살펴보고자 한다.

그 일(돌아온 둘째 아들과 아버지의 해후)이 있는 동안 맏아들은 밭에 나가 있었다. 그가 하루 일을 끝내고 들어오는데 집 가까이 이르자 음악 소리와 춤추는 소리가 들렸다. 그는 종을 불러서 무슨 일인지 물었다. '동생 분이 집에 돌아왔습니다. 그가 무사히 돌아왔다고 주인어른께서 잔치를 열라 하셨습니다. 쇠고기 파티입니다' 하고 종이 말해 주었다. 맏아들은 분하고 언짢아서 저만치 물러나 집에 들어가려고 하지 않았다. 아버지가 나와서 그와 이야기하려고 했으나 그는 들으려고 하지 않았다.

아들이 말했다. '제가 집에 남아서 한시도 속을 썩이지 않고 아버지(you)를 모신 것이 몇 년째입니까? 그런데도 아버지는 저와 제 친구들을 위해 잔치 한 번 열어 주신 적이 없습니다. 그런데 아버지의 돈을 창녀들에게 다 날리고 나타난 '저 아들(your son)'에게는 성대한 잔치를 베풀어 주시다니요!'

아버지가 말했다. '아들아, 네가 모르는 것이 있다. 너는 늘 나와 함께 있으니 내 것이 다 네 것이다. 그러나 지금은 흥겨운 때고 마땅히 기뻐할 때다. 네 동생(your brother)은 죽었다가 살아났고 잃었다가 다시 찾았다!'[17]

이 말씀의 배경은 '평판이 좋지 않은 자들'이 예수님 주변에 많이 머물며 열심히 말씀을 듣자, 종교학자들이 이를 못마땅하게 여기며 투덜대고 수군거리는 상황이었다. 예수님은 종교학자들의 비판을 아시고, 연속적으로 세 가지 비유(잃어버린 양, 동전, 아들)를 하시면서 예수님의 시각으로 함께 기뻐할 것을 말씀하셨다. 그리고 마지막 비유를 마치면서 맏아들과의 대화를 삽

---

17) 누가복음 15:25~32(《더 메시지 성경》, 유진 피터슨, 복있는사람)

입하셨는데, '탕자의 비유'로 알려진 주요 이야기에 첨가된 부록처럼 보이기도 하지만, 오히려 당시 청자들을 고려할 때 핵심적인 말씀이라고 생각된다. 이 이야기에서 탕자는 흔히 아버지의 재산을 날리고 돌아온 둘째 아들이라고 알려져 있다. 그렇지만, 실상은 두 아들 모두 아버지에게는 '잃어버린 아들'이었다. 물리적으로 떠나 방탕한 삶을 사는 둘째 아들, 물리적으로는 가깝게 있으나 실상은 아버지와 완전히 다른 정서와 시각으로 살고 있는 첫째 아들 모두, 탕자였다. 이 두 아들을 대하시는 아버지의 모습, 잃어버린 두 아들을 향한 아버지의 마음이 이야기의 핵심이다.

우리 모두에게는 대놓고 아버지를 떠나고 실망시킨 둘째의 모습이 있지만, 동시에 맏아들의 모습도 함께 존재한다. 우리 안에 있는 맏아들은 무능하고 찌질한 우리 속에 있는 둘째 아들을 비난하고 억압한다. 누가 뭐라고 하지 않는데도 내 안에 있는 능력 없고 실패한 자신의 모습을 도저히 받아들일 수 없는 것이다. 이러한 자기 비난과 자기 평가는 둘째 아들과 같은 타인, 특히 가족 구성원에게 그대로 투사되곤 한다. 내가 싫어하는 나의 어떤 모습을 닮은 가족에게 도저히 참을 수 없는 분노가 느껴지거나, 어떻게든 그 행동을 내 힘으로 고쳐 주고 싶은 마음이 드는 것이다. 특히 나의 분신, 축도(縮圖)라고 생각되는 아이들에게 참을 수 없는 분노, 강압적으로 컨트롤하려는 욕구가 생기는 경우가 많다. 그러나 이러한 현상은 실상, 우리 속에 있는 둘째 아들을 향한 무자비한 비난과 평가의 연장선상에 불과하다. 우리 속의 첫째 아들은 자기 착취를 지속하게 하는 시대정신이라는 양분을 힘입어 지속적으로 강력한 힘을 행사할 가능성이 많다. 그리고 또 한편으로는 이렇게 '유치하게 삐지고 비난하고 평가하고 있는 자신'의 모습을 볼 때, 그것조차 마음 편하지 않은 것이 우리의 모습이기도 하다.

우리가 주목해야 할 것은, 이 아들들에 대한 아버지의 태도다. 아버지는 세상에서 실패하고 돌아온 무능하고 찌질한 둘째 아들을 은혜의 시각으로 보고 수용하셨을 뿐 아니라, 비난과 분노의 날이 서 있는 첫째 아들의 반항 또한 부드럽게 품고 달래신다. "넌 왜 이리 삐딱하고 속이 좁으냐?" 하고 호통하신 것이 아니라, '아들아' 하고 부르시며 그가 이미 갖고 있는 것들을 부드럽게 알려 주신다. 첫째 아들의 투정과 분노를 다시 비난하거나 혼내시는 것이 아니라, 그 마음을 알아주시면서 당신의 새로운 시각으로 조명해 주시는 것이다. 이것이 바로 진정한 공감의 힘이다. 공감은 머리로 배울 수 있는 기술이 아니라, 누군가에게 실제로 공감받는 체험을 통해서만 습득할 수 있다. '당신 아들'의 잘못을 엄격하게 들춰내는 비교와 평가에서 '내 형제'의 사정을 보게 되는 것이 아버지의 공감을 경험한 결과다.

하나님께서는 생산성이라는 이 시대의 엄격한 잣대, 혹은 종교성과 도덕 같은 윤리적 잣대를 들이대어 우리를 평가하고 '더 나아져야 한다, 더 잘해야 한다'고 재촉하시는 분이 아니다. 자기 계발서의 역사에서 중요한 축을 차지하는 '기독교적 성장주의'는 하나님께서 주신 복음의 본질을 정확히 역행하는 것이다.

하나님은 한 손에는 상장, 한 손에는 채찍을 들고 계속 달려가라고 외치는 조련사가 아니다. 그분은 우리에게 이미 아무런 대가 없는 완벽한 구원을 허락하신 아버지시다. 우리 속의 두 아들 모두를 아시고 품으시는 분이시다. 우리는 먼저 하나님과의 관계에서 아버지의 공감과 수용을 경험해야 할 것이고, 이를 통해 우리 속에 있는 아들들의 날선 비난과 긴장, 열패감이 누그러지는 은혜를 경험하게 될 것이다. 두 아들을 품으시는 아버지의 눈, 아버지의 손이 있는 가정, 자기 비난과 자기 착취의 시대정신이 연장되는 곳이 아니라 진정한 은혜의 법을 경험하는 장이 우리의 가정이 되어야 할 것이다. 이것이 가장 가까이에 있는 '가정의 회복을 향한 비전'의 첫걸음이다.

뉴스앤조이